U0932984

“链”动变革

区块链落地的4D实践模型

李京生　郑　懿　著

人 民 邮 电 出 版 社
北　京

图书在版编目（CIP）数据

“链”动变革 ：区块链落地的4D实践模型 / 李京生，郑懿著. -- 北京 ：人民邮电出版社，2020.5
ISBN 978-7-115-53318-0

Ⅰ. ①链… Ⅱ. ①李… ②郑… Ⅲ. ①电子商务—支付方式—研究 Ⅳ. ①F713.361.3

中国版本图书馆CIP数据核字(2020)第005164号

内 容 提 要

本书从区块链实践者的角度介绍了区块链落地应用的全过程：从理解概念到案例验证，从搭建平台到设定战略，充分展示了区块链从基本概念到生态系统的各个发展阶段，提出了面向区块链实践的4D模型，即探索（Discover）、设计（Design）、实施（Deploy）、布局（Distribute）。希望通过总结在区块链实践过程中的感受，更好地帮助人们找到实践区块链的方法。本书适合高校学生、企业管理与业务人员、对区块链应用感兴趣的大众阅读与学习。

◆ 著　　　　李京生　郑　懿
责任编辑　赵　娟
责任印制　彭志环
◆ 人民邮电出版社出版发行　　北京市丰台区成寿寺路11号
邮编　100164　　电子邮件　315@ptpress.com.cn
网址　https://www.ptpress.com.cn
三河市中晟雅豪印务有限公司印刷
◆ 开本：880×1230　1/32
印张：7　　　　2020年5月第1版
字数：113千字　　　　2020年5月河北第1次印刷

定价：68.00元

读者服务热线：(010)81055493　印装质量热线：(010)81055316
反盗版热线：(010)81055315
广告经营许可证：京东工商广登字20170147号

推荐序 1

经过多年的技术研究与实践锤炼，区块链正在逐步走向更多应用的新阶段，2020 年将成为开启区块链落地的重要一年。

天时：昨日数据是信息，今日数据成资产。2019 年 10 月党的十九届四中全会首次将“数据”列为提供劳动报酬的七大生产要素之一，强调形成按照市场评价贡献、按贡献决定报酬的机制。由此可以看出，数据在信息时代将成为重要的业务资产，成为推动社会发展的“新石油”，促进由“信息互联网”向“价值互联网”转变的新动能。而区块链作为支撑数据资产确权和流通的核心技术之一，将成为未来网络信息产业发展的必备技术。

地利：中国正在成为区块链技术创新与实践应用的新高地。2019 年 10 月，习近平总书记提出要把区块链作为核心技术自主创新的重要突破口，明确主攻方向，加大投入力度，着力攻克一批关键核心技术，加快推动区块链技术和产业创新发展，进一步指明区块链与产业变革相结合的发展方向。2019 年，中国不仅成为全球区块链专利申请量第一的国家，在产业投资总量上也处于领先地位，技术实力进步明显，实践经验日益丰富。

人和：区块链生态联盟规模正在不断地发展壮大。在信息时代，生态联盟已经成为产业发展的重要组织形式，各个技术、行业领域都在成立对应的发展联盟。近几年，中国信息通信研究院云计算与大数据研究所牵头的可信区块链推进计划（Trust Blockchain Initiative，TBI）已经成立了相应的技术研究和行业应用工作组，在支撑区块链技术研究与行业实践方面起着积极的推动作用。

风向已在，人随势动。在“天时、地利、人和”的环境下，我相信区块链技术势必会迎来又一次的发展热潮。然而，在步入新阶段之前，更好地总结前期经验将对未来的发展起到积极作用。在此关键时期，本书提出的 4D 模型将对区块链实践起到重要的指导作用。借助作者在区块链实践过程中总结的经验，读者可以看到从探索、尝试、应用到扩展区块链的整个思考路径。小到一个论证，解释筛选适当场景的方法；大到一个联盟，介绍衡量发展前景的标尺，都可以在本书中找到答案。相信读者在阅读完本书后，将对区块链应用有更加深刻的理解，为企业选型、价值判断提供指引。

中国信息通信研究院云计算与大数据研究所所长

何宝宏博士

推荐序 2

我最早了解设计思维（Design Thinking）是在 2002 年创办国家示范性软件学院的初期。为了落实我国大力发展软件与微电子产业的国家战略，我们把培养高层次、实用型、复合交叉型和国际化人才作为北京大学软件与微电子学院的办学目标，我亲自主管国际合作，与美国知名大学和跨国企业深度合作，引入创办了管理技术系、数字艺术系、金融信息工程系等 11 个系，形成了独特的软件人才培养体系，2005 年还荣获了国家级教学成果一等奖。2008 年《哈佛商业评论》发表了设计公司 IDEO 总裁兼 CEO 蒂姆·布朗（Tim Brown）的一篇论文，这篇论文引起了广泛的关注，被认为是第一次把设计思维理念扩展到设计圈子之外的地方。

设计思维的理念是一种创新的问题求解过程，它运用设计师思维中的元素（例如共情和实验）来获得创新的解决方案。想要使用设计思维技能，可以根据未来客户的实际需求来制定决策，而不是仅依赖于历史数据，或者说基于本能直觉而不是证据进行风险押注。

正像蒂姆·布朗所说：“设计思维是一种以人为中心的创新方法，它从设计师的工具包中汲取了灵感，将人们的需求、技术的可能性以及对业务成功的需求进行整合。”

像设计师一样思考可以改变组织开发产品、服务、流程和策略的方式。IDEO 将这种称为设计思维的方法形成知识和技能体系，将人的观点与技术上可行且经济上可行的观点结合在一起。 它还允许未经过设计培训的人员使用创意工具来应对各种各样的挑战。

把设计思维与区块链结合起来——这的确是我第一次见到的。这本书与其他区块链图书都不一样。作者不仅运用了设计思维的基本理念，而且在设计思维基础之上大胆创新，提出 4D（Discover、Design、Deploy、Distribute）场景落地模型，并结合区块链落地应用的现实难题总结了探索区块链应用的特性与准则。更为可嘉之处是，作者结合亲身经历的落地应用实践展示了 4D 模型拓展到区块链跨领域落地的成功案例，这为许多还不熟悉区块链技术如何与自己的业务相结合的技术与业务人员提供了示范。

回想我担任北京大学软件与微电子学院创始院长的 8 年创新实践历程，在软件学院里创办数字艺术设计系的大胆之举在国内也是绝无仅有的，学科专业目录往往是交叉创新的屏障，能形成技术与艺术、技术与管理交叉融合的人才培养体系实属不易。设计思维训练在西方高校已经普遍得到重视，纵观我们全国高校的计算机类人才培养，近年来在系统能力培养方面已经得到了普遍提升，然而，系统化地培养设计思维依然是一个短板，依然是我作为一个计算机教育工作者尚未实现的梦想。

设计是一个广泛而普及的理念，遍布在我们人类社会的每一个角落。设计思维是帮助我们实现创新的有效工具。衷心希望本书的出版能够帮助信息化从业人员更好地提升创新的系统化思维和实践能力，也希望我们的大学教育在推进计算思维（Computational Thinking）普及的同时，也能够重视和推进设计思维的普及教育，为我国未来各行各业的创新驱动、创新引领源源不断地输送更多、更高层次的人才。

北京大学软件与微电子学院创始院长、教授

陈钟博士

2020 年 3 月 28 日于燕园

注：共情（Empathy）是一个心理学名词，是指一种能够感受被分析者感受的能力，也是一种心理分析的技术和产生心理分析治愈效果的重要条件。在设计思维中引申表示设计者对客户的需求能够以人为本、感同身受的方法和技能。

推荐序 3

唯有创新，应对变革

那是 2019 年 4 月，晚上快 11 点，我乘坐的飞机刚刚落地，就收到了微信，是作者希望我为她的新书写序，她是听过我课的一个学生，也是设计思维的热爱者，平时经常看她在朋友圈发布在各个高校、企业做 Design Thinking 的公益课程，没想到如今她把这套方法运用到了她的实际工作中——区块链项目落地实践。我非常爽快地答应下来，并鼓励她，希望能将设计思维发扬光大。

我一口气读完了这本新书，兴奋不已，该书将这么难以讲清楚的区块链讲得如此一目了然。加之对创新设计思维的应用，提出区块链场景落地的 4D 模型，为寻找各种应用场景提供了一套很实用的方法论和工具。对于技术人员、业务人员、教练等来说，该书都是一本值得一读的。

区块链技术是非常新兴的技术，随着国家政策的推动，人们的关注度倍增，如何把还未发展成熟的新兴技术，运用到实际落地中，Design Thinking 在问题解决方面的确有着得天独厚的优势，作者抓得很准，运用得很到位。

变革时代，唯有创新破局。随着时代的发展，我们也一定深有感触，近十几年的变化快过前几十年，最大的零售商阿里巴巴可以没有一件库存；最大的出租车公司Uber可以没有一辆汽车；最大的房屋租赁公司Airbnb居然没有一间房子……我们身处在一个变革的时代，互联网、大数据、人工智能、5G，冲击着现实社会的生产力和生产关系，人们在感慨这个世界变化太快的同时，也不由得思考，如何应对这个变革的时代。时代飞速发展的车轮滚滚向前，变化无处不在，唯有创新是不变的旋律。创新是人们为了发展的需要，运用已知的信息，不断突破常规，发现或产生某种新颖、独特的有社会价值或个人价值的新事物、新思想的活动。创新的本质是突破，即突破旧的思维定式、旧的常规戒律。创新活动的核心是“新”，它可以是产品的结构、性能和外部特征的变革，可以是造型设计、内容的表现形式或手段的创造，可以是内容的丰富和完善，可以是流程和商业模式的重新再造，还可以是企业战略转型的模式，甚至是社会责任的转变等。

创新其实不难，人人皆可创新。设计思维作为一种创新思维，无论是企业还是个人，都可以尝试。对于创新的项目，可以从用户端出发，也可以从组织端出发，还可以从一个项目的实施端出发，都可以获得创新的解决方案。例如，一家初创公司就需要完全从用户端考虑问题，探讨市场的需求，客户的痛点，制定什么样的创新产品或者服务，成为一家什么样的公司，围绕着创新的产品，公司如何设计、生产产品或者服务，需要什么样的组织架构，采取什么样的商业模式，等等。对于已经存在的公司或者组织需要转型时，一般也应该从用户端开始考虑，这就是企业的第二曲线战略。

对于企业的第一曲线，企业需要提升精细化管理，在流程、运营、服务、营销、管理等方面创新，可以从组织的现状出发，改进企业的运营，这时可以从方案设计域出发，当然也要考虑讨论主题的利益相关者和客户画像，但是这时的客户不一定是终端用户，可能会是公司的员工、企业的老板、管理层或者供应商等。如果企业已经制定了一个项目，需要执行，也可以寻找创新的执行解决方案，这时的出发点可能是实施交付域，这时的客户可能是企业的某个部门，或者整个企业。

拥抱创新，身边事皆可为。作者此次将设计思维巧妙地运用到区块链场景落地的实践中，这是一个非常有益的范例，特别是针对新兴的事物，他们从用户画像，利益相关者分析，到寻找解决方案，再到原型搭建，测试反馈，不断迭代……有效地帮助那些对区块链这项新技术的应用落地还不熟悉的人们，找到了简单且实用的方法，具有很强的借鉴意义。我们依然鼓励越来越多的人能够运用设计思维不断进行尝试，鼓励大家从身边的事物开始。例如，企业流程改善，产品设计更新，企业创新创业，甚至个人职业生涯规划，都可以。希望越来越多的人能够运用创新思维，在这场变革的大潮中，成为勇敢的“弄潮儿”。

世界五百强背后的管理大师
SAP 中国区创新工场首席客户创新专家
鲁百年博士

大咖推荐

区块链技术已经越来越被大众所熟知，大众的视角也从关注“区块链为何物”，转移到“如何应用区块链技术”的阶段。当前，如何在实际应用场景中应用好区块链技术，成为推动区块链技术创新发展的关键。对于大多数企业来说，区块链应用场景的挖掘尚处于探索阶段。区块链应用只有发挥区块链技术的特性，才能真正体现这项技术的特有价值。本书通过大量的案例，介绍了 4D 实践模型，4D 即探索、设计、实施、布局，4D 实践模型为区块链技术研发人员有效挖掘区块链应用场景提供了一套方法论，这套方法论不仅可以用于区块链的应用挖掘，也可以用于其他新兴技术的应用场景挖掘。相信本书的出版，对于国内区块链应用场景的深入挖掘，可以发挥积极的作用。

——中国计算机学会区块链专委会主任　斯雪明

如果说区块链技术之新，对很多人来讲，还是一座难以攀爬的高山，那么 4D 实践方法就是一把开山的利器。它巧妙地运用了设计思维（Design Thinking）作为方法论的依托，将一项新技术的探索期、规划期、实施期和布局期环环相扣，抽丝剥茧地解析出来，给实践者们一套步步为营的抓手。无论企业发展最终是否会采用区块链这项技术，把新技术运用到最合适的地方，发挥最有价值的作用，是企业不断创新实践的准则。希望这本书能帮助更多的实践者，掌握不断创新的方法，并能举一反三，拓展到自己熟悉的业务中去。

——中关村龙门投资董事长、亚杰商会会长、
中国企业家俱乐部副理事长　徐井宏

在我们发展无人驾驶、5G、人工智能、物联网、车联网的同时，区块链会是这些技术领域不可忽略的组成部分。在现代生活里，一些不可或缺的职能，例如审批、协调等都可以节约掉，让生活上的机能运作更为快速和有效率。

我从事供应链管理多年，深感区块链会在供应链领域扮演非常重要的角色，例如区块链对数据的不可篡改性、保密性和公开性能有效地改善供应链端到端的供求数据的快速传递和分享。让从上游到下游的供应链条的每个环节的所有相关的工作人员在第一时间收到第一手资料。

感谢两位作者把区块链技术用那么简单易懂的方式介绍给读者，甚至把区块链的落地方法论用易懂的 4D 模型帮助读者入门。

——苹果公司供应链副总裁、诺基亚公司全球供应链副总裁
莫泽权（CH Poh）

2019 年年底，区块链技术上升为国家战略，很多朋友纷纷想加入区块链行业。如何做一个好的区块链应用，是朋友们经常与我讨论的话题。看到郑懿女士《“链”动变革：区块链落地的 4D 实践模型》的书稿，让我激动不已，郑女士把我

脑子里想说的很多观念，用她熟悉的创新设计思维的方法论和丰富的实践经验，深入浅出地系统阐述了出来，让我非常受益。

阅读本书可以帮助读者深刻地了解如何将落地模型和区块链技术结合，打造具有良好经济和社会效益的行业应用，帮助企业理性参与，并对自己选择的路径充满信心。

——超级账本（hyperledger）中国社区负责人　龙文选

本书唤起我与区块链结缘的记忆，我初次接触区块链是从比特币开始，出于一个技术人员的好奇心，步入了当年“挖矿”的大军中，也经历了各种虚拟币由近乎疯狂到快速跌落谷底的时期，在后续的工作中，我出于对区块链技术的热爱和坚持，逐步把区块链技术与物流行业的实际场景相结合，在智能合约、溯源、信用评估等领域推出一系列的产品，并且结合行业特性发布了区块链技术应用蓝皮书和相关行业标准。

对于区块链技术从发现、运用、落地到推广经历了一个完整的周期，回想整个过程更多是作为一个技术人员的初心与坚持，在利用技术结合业务创新的过程中缺少一套完整的体系和方法论，而此书提到的4D模型，以技术应用的角度来引导一个技术创新应用的完整周期，避免了技术人员就技术谈技术，在新一波技术浪潮下，指导企业在数字化转型升级期间，把技术与商业有效结合，提升企业的商业模式和核心竞争力，将更有助于新技术的应用和推广，创造更大的价值。

——京东物流副总裁、

中国物流与采购联合会区块链分会轮值会长　程岩

在众多关于介绍区块链技术的图书中，这是一本尝试从方法论的视角来探讨区块链技术场景应用开发的著作，令人耳目一新。作者并没有回避当前区块链技术应用所面临的问题和挑战，而是通过对案例实践的思考和提炼，提出探索（Discover）、设计（Design）、实施（Deploy）、布局（Distribute）的4D场景落地模型，并结合案例就模型运用进行了详细的说明。文中阐述的方法论及其实践对于当前港口产业基于数据的服务模式创新而言具有重大的启发意义，对于区块链技术在港航服务业的场景开发应用具有重要的参考价值。

——宁波舟山港集团有限公司副总经理　王峥

读这本书，如同与一位好友聊天，好友用极其平易近人的语言，向我解释了最近几年一个非常热门的话题，什么是区块链以及它的应用。作者没有把自己定位为区块链专家，用一种高高在上的态度和读者交流，而是用一种分享的态度，和读者分享自己学习区块链的心路历程，读起来尤其亲切。我非常喜欢作者在书中提出的大量案例。

另外，这本书的一个打动人之处是强调区块链的应用，尤其是作者结合"设计思维"，讲解如何利用好区块链这个工具来解决现实生活中的实际问题。读完这本书，读者不再认为区块链离现实生活很远，而是各行从业者都可以学习和掌握的一个实用类工具。

期待更多读者读完本书后设计出更多的应用，为各自的行业创造价值。这也是我读完本书后的一个小目标。

——桑坦德咨询（北京）有限公司董事总经理、
桑坦消费金融亚太负责人　周伟博士

Why, where and how to use blockchain？随着大众对区块链认知的不断丰富，行业实践者不断遇到这些“灵魂拷问”。本书作者基于大量项目运作经验，结合设计思维，提出开展区块链实践的系统性指导方法。有效的方法论即是竞争力，相信能够启发读者以实际问题为导向，推动实现区块链在各领域的应用及变革价值。

——纸贵科技CTO　陈昌

国内区块链产业正在由“区块链+”向“+区块链”的逆转，技术与场景的结合正在由“逆差”走向“顺差”。依托区块链技术，海尔搭建了数字化经济的基础环境并进行了有效应用，为生态方带来销售收入的增加和效率的提高。Gartner 分析，2021 年将有 90% 的现有区块链应用消失，这充分说明必须要建立一套完善有效的区块链方法论，指导区块链应用健康发展。书中区块链场景落地的 4D 模型，将应用场景的挖掘落地到实处，发挥出区块链技术特有的价值，相信随着区块链、AI 等高新科技的日益成熟，现代行业形式将会迎来翻天覆地的变化，区块链生态将成为传统行业的转型关键。

——青岛海链数字科技有限公司董事长兼总经理　冷合礼

随着区块链上升至国家战略，区块链技术与应用即将迎来爆发期，特别是区块链与实体产业融合应用方面，将是各企业重点关注的方向。

区块链作为新一代信息技术中的代表性技术，具有创造信任、改善生产关系的天然优势，但也存在成本、安全、性能等难以平衡的问题。我们必须清醒地认识到，并非所有企业都需要区块链，也并非所有场景都适合区块链。

因此，如何通过深入分析找到最需要、最适合区块链技术应用的场景至关重要，这将大大降低企业区块链落地的难度，提升企业区块链应用的效率。

本书结合实际案例与4D场景落地模型的方法论，能够有效指导企业找到区块链应用精准场景，并用相关方法论帮助企业系统化落地区块链项目，真正做到让企业区块链应用少走弯路。

——中国物流与采购联合会区块链应用分会执行秘书长　潘海洪

经过十余年的发展，区块链技术日趋成熟，也在不同行业有很多应用探索。然而，区块链应用还普遍存在效果不够显著、价值难以量化等问题，大部分行业缺少杀手级应用。本书从应用视角介绍和分析区块链技术，在设计思维的指导下，提炼出区块链技术落地场景选择的方法论，是当前为数不多能够对区块链落地场景选择、应用价值体现等提供帮助的图书。

——易见天树科技（北京）有限公司首席技术官　刘天成博士

新兴领域的探索注定是荆棘密布的，在区块链走向应用的深水区时，难度也正在逐一展现出来：本书作者给出了全新的解题思路，在应用尚未成熟的阶段，给出一个能够用于指导实践的理论方向。其中既有对区块链行业发展深入的观察和体会，更有对打破边界和对未来应用的前景展望。这是一本极具探索性的书，书中提出的区块链4D模型，为这项技术与更多产业的应用结合提供了流程性的框架，相比于其他介绍区块链的图书而言，这更像是一本梳理应用方法论的操作手册，为正在这个领域探索的团队打开了一扇窗。

当我们深入每一个应用的场景中，才会最终发现，等待攀登者的是一个又一个的具体问题需要解决，而这本书能够让探索中前行的读者，看到自己所处的阶段和位置，能够为区块链突破行业之间的壁垒，拓宽前进的方向，提供一份先导性的指引。

在此，向勇于探索的时代先行者致敬，更为两位作者所付出的辛勤劳动致敬，正是这种脚踏实地务实的精神，构建了社会前进的动力。

——霍氏集团CEO　霍建民

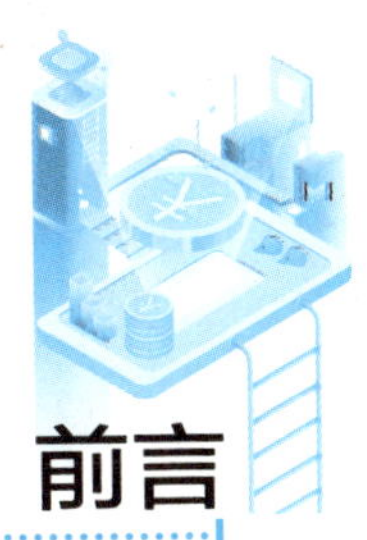

前言

近十几年来，创新技术发展飞速，新一代信息技术大量涌现，人们每天都在享受前所未有的科技福利，ABCD(人工智能 AI、区块链 Blockchain、云计算 Cloud、数据 Data)+5G 新技术的力量推动了产业周期快速迭代，新一代信息技术和实体经济正在进行广泛的深度融合，催生出更多的市场机遇。在政策、技术、市场等多重力量的推动下，区块链创新步伐不断加快，探索应用的范畴也由物理依赖相对较轻的数字资产领域，逐步向物理依赖相对较重的供应链管理、智能制造、工业互联网等领域延伸拓展。

区块链技术的飞速发展也带动了大众对这项新兴技术的关注以及认知的成长。人们的诉求已经从“什么是区块链”“为什么用区块链”聚焦到了“如何用区块链”以及“分布式账本与智能合约的应用”领域。而区块链技术场景的落地恰恰是当今众多企业在探索实施时遇到的瓶颈。

本书内容及亮点

本书针对在区块链技术发展还未成熟，应用场景难发掘，实施难落地等状况，运用大量实际项目运作的经验，总结提炼了一套场景落地的方法论。

- 提出 4D 场景落地模型，即探索（Discover）、设计（Design）、实施（Deploy）、布局（Distribute），简称"锁、定、时、局"，从价值与知识两个维度发掘和推动区块链技术的应用落地。

- 提炼探索（Discover）阶段 TECH+D 的 5 个核心准则，即透明化（Transparence）、业务简化（Easy）、合作（Corporation）、愿景（Horizon）4 个方面，以及一个指导方向（Direction），共同组合为探索区块链应用的核心。

- 鼓励新技术探索者勇于实践，拥有发展的视角和创新的自信。在实践过程中运用设计思维（Design Thinking）方法论，配合大量有针对性的实例，迭代提炼基于区块链特性的标准业务模块，拓展应用在跨领域的业务场景，推动生态的变革。

2019 年 10 月，习近平总书记发表了关于推进区块链在产业应用的指导意见。区块链技术落地再度引起了社会的普遍关注。截至 2020 年 2 月，中国各地方发表的政府工作报告中，已经有 22 个省市明确提出要推动区块链的落地应用。2020 年 1 月在新冠肺炎"抗疫"工作中，区块链已被应用到物资追溯、商业贷款等多个领域，充分体现了区块链的技术价值。

本书的主体内容虽然成稿于2019年，但是4D模型的方法论完全符合当前各类区块链应用的主体思路。“授人以鱼，只救一时之急；授人以渔，则解一生之需”。希望读者朋友能够从本书中理解区块链应用思路，打造“区块链思维”，参与到“链”动变革的浪潮之中。书中不足之处，恳请同行专家、广大读者批评指正。

李京生　郑　懿

2020年2月27日

目录

前奏

“链”动“变革”

预测：到 2023 年区块链市场将开始走出低谷

如果在 2014 年搜索"区块链"，排在前面的搜索结果往往是区块链技术社区、以太坊介绍或者金融行业研究的新闻。结果页面以技术讨论、投资信息等文章为主，少有与区块链相关的广告。由此可以看出，2014 年还没有多少人对区块链的行业应用投入太多。

在接下来的五年，行业却发生了巨大的变化。2019 年再次搜索区块链，可以看到它已经成为网络的热门词汇。各种区块链平台、教育机构、咨询公司的广告在搜索结果中被置顶。全球的区块链应用信息更是不断地更新着新闻列表。不同机构都争先恐后地在区块链领域完成布局和发布预测，例如，高德纳咨询公司（Gartner）在 2019 年最新的行业报告中称区块链市场将在 2023 年走出低谷，在各个领域不断实现深化应用。

在 2023 年之前，我们不能对咨询机构预测的真实性进行判断。但是市场的反馈给人们带来了极大的鼓舞。正如 20 世纪的互联网发展，虽然在初始阶段，网络信息的传播收益并没有快速扩展，但是随着 Windows 操作系统和个人电脑的发布，互联网迎来了自身的腾飞时代。

在这五年间，国外很多巨头企业已经完成了对区块链技术应用的布局。例如，微软已经在其 Azure 云平台上发布了区块链平台和封装的区块链服务，旨在让其云平台客户高效地搭建区块链应用。IBM 已经通过合作或咨询的方式，为大型连锁企业提供诸如信息溯源、流程优化等方面的解决方案。

不仅如此，国内各大互联网企业也纷纷布局区块链技术。蚂蚁金服在金融领域重点推进各种区块链应用，发布区块链服务。百度发布了开源的超级链技术平台，在金融、存证等领域进行应用落地。

与此同时，很多硬件供应商也在布局区块链发展。惠普在其主页中介绍了自己对区块链在各种行业中进行应用的预测，并发布了相应的服务器用于更好地支撑区块链平台。更为重要的是，很多大型企业都发布了相应的区块链发展战略，期望利用区块链解决行业痛点。例如，京东正在进行区块链与物流业务深度融合的实践，联想在供应链协同领域率先探索并进行有益的应用实践，将区块链行业目光聚焦供应链的管理。

因此，在编写本书时，我们还不能对区块链未来的发展进行准确的判断。但是，不管是互联网企业，还是实体企业都已经摩拳擦掌，期望抓住区块链发展的契机。我们相信在未来的 5 ~ 10 年，区块链也能像互联网一样成为驱动行业发展的变革性技术。

Tips：我们曾经和某位经历过互联网行业发展的国外研究人员沟通了未来区块链的发展趋势。正如前文所述，他并不确信区块链一定会像互联网一样蓬勃发展，但是互联网从起步到普及大概用了 25 年的时间。在互联网发展的初期，他同样也无法给出肯定的答复，但是随着行业的持续发展以及资源的不断注入，区块链的发展速度一定会比互联网更快，各个企业的能力差异也会在短时间内迅速拉开。

实践者：数据增值服务

对于现阶段的实践者，区块链提供的价值主要集中在基于链上数据的增值服务。在不同的应用场景中，区块链将业务系统与分布式账本进行连接。基于业务数据的区块链应用促成了新型的增值服务。例如，在典型的溯源区块链应用中，端到端的资产状态数据被传递至区块链应用。数据的来源可以是一个物联网设备，也可以是环节参与方的业务系统。整个业务环节的数据信息可以为资产购买方提供快速的信息查证服务。与此同时，相关的第三方监督或认证机构，也可以从此平台上获取相应的业务数据。在这个例子中，传统的分布在每个环节的“中心化”的数据被传递至区块链平台，并借助其不可篡改的特性，形成了为其他参与方提供数据支撑的增值服务。

我们期望在区块链技术的应用过程中，实践者能够结合自身的业务逻辑，挖掘出更多的新的商业模式，形成在现有商业网络或业务系统上的各种创新性增值服务。

挑战：寻找落地场景困难重重

在区块链落地应用的过程中，如何选择适当的应用场景正在成为实践者需要面对的难题。区块链的实践者需要解决的问题包括以下几个。

激进的区块链应用环境

随着区块链应用浪潮的逐渐降温，很多追逐资本的概念公司不断倒闭关门。社会上很多人对区块链的理解还停留在金融层面，区块链实践者急需重新认识区块链的价值。

没有完整的执行参考模型

区块链提供的数据增值服务需要业务逻辑的创新，需要以实际操作经验为出发点。然而现阶段，实践者很难找到系统性的指导方法用于挖掘和应用区块链技术，只能从具体的案例中去总结或提炼结合点。这就加大了区块链的学习成本，也影响了区块链技术的推广速度。

如何选取适当的战略模式

在区块链技术应用的初期，大部分企业对于区块链技术的观望态度是可以被理解的。此项技术还未得到大规模验证，如何采用适当的战略模式进行资源匹配，对于企业未来的发展十分重要。

机遇：为什么是现在

2016 年 10 月，工业和信息化部发布了《中国区块链技术和应用发展白皮书（2016）》。同年 12 月区块链首次被作为战略性前沿技术、颠覆性技术写入国务院发布的《国务院关于印发“十三五”国家信息化规划的通知》。可以说区块链技术已经受到了我国政府的重视和关注。与此同时，各地政府纷纷出台有关区块链的政策指导意见及通知文件。

2019 年中国信息通信研究院主导的“可信区块链推进计划”已经开始收集各个行业领域内先进的区块链应用实践案例，旨在进一步深化社会对区块链创新价值的理解，促进行业间的经验交流。

2019 年 10 月 24 日中共中央政治局就区块链技术发展现状和趋势进行第十八次集体学习。习近平总书记在主持学习时强调，区块链技术的集成应用在新的技术革新和产业变革中起着重要作用。在会上提出要把区块链作为核心技术自主创新的重要突破口，明确主攻方向，加大投入力度，着力攻克一批关键核心技术，加快推动区块链技术和产业创新发展。

由此可见，区块链已经进入了一个应用蓬勃发展的新时期。在国家战略层面，习近平总书记的讲话进一步明确了区块链与产业变革相结合的发展方向。在业界应用层面，区块链技术应用经过了一段时间的沉淀，在社会各个行业内的应用已经初见成效，正在逐步走出发展的寒冬时期。此时，我们更需要抓住这次机遇，分析自身行业内还存在哪些潜在的创新点，发挥区块链的技术潜力，实现区块链对各类行业的深刻变革。

第一章
从应用的角度理解区块链

应用视角下的技术核心与特点

抛开解读比特币和区块链的概念，让我们回到区块链技术本身，尝试从底层理解区块链的运行机制，正视区块链发展的技术核心与技术特点，为进一步利用区块链奠定基础。在本节的技术介绍过程中，我们依然会从问题和对技术的理解出发，避免过多地描述技术细节。

1. 核心技术

从一定程度上说，区块链技术并不是一个完全独创的新技术，它本质上是密码学与计算机的技术集合，是对技术应用的创新组合。在本节，我们将按照情况、冲突、疑问与回答的金字塔结构，为大家解释区块链需要面对的问题及其解决方案。

（1）密码学：创建唯一标识

情景：重要的唯一性

账户：我们在注册网络账号时都需要创建一个账户

名称。通常情况下，新建的账户名称在注册网站中要具有唯一性。随着注册用户逐渐增多，比较流行的名字就会被反复注册，后注册的用户只能在账户名上增加特殊的标识，大家申请的账号也会越来越独特。接着我们就会在网站中看到“大帅哥666@007”。

密码：现在全中国有1300人知道你的银行卡密码，你也许会想这怎么可能，我的密码设定既不是我的生日，也不是门牌号，怎么可能会有这么多人知道？那就让我们一起做个数学运算。通常情况下，每个人的储蓄卡密码都是由6位数字组成的，而由6个数字构成的密码最多有10^6种组合，也就是100万种可能。从概率论的角度，理论上每100万个人就会有一个人和你使用相同的密码。按照现在全中国13亿人口核算，就会有1300人的密码是相同的。

好吧，既然我们的密码会出现这么多重复，银行为什么不增加几位，或者像账号信息一样，加上字母大小写、特殊符号呢？事实上，我们完全没有必要这么做，因为银行会帮助我们管理密码，它会限定用户输入错误密码的次数，防止有人通过不断尝试的方式破解密码。

冲突：“去中心化”的唯一性

在账户和密码的唯一性验证过程中，大家也许会留意到一个关键点：作为第三方企业的“中心化”机构对于维护信息唯一性的作用十分关键。在银行密码重复的案例中，银行可以保证即使密码的数字范围很小，黑客也没有办法通过实验找到正确的密码。

试想一下，在区块链的“去中心化”模型中，是没有一个“中心化”的机构会告诉你账户是否会重复，同时帮助用户限制黑客尝试破解账户密码的次数，这实际上给区块链网络的正常运行带来了很大的麻烦。

疑问：在没有管理员的网络中，如何找到一种创建唯一性标识的方法呢？

回答：哈希（Hash）函数

在密码学中，把相同函数生成的结果出现重复的难度，称为碰撞阻力。函数生成的结果越难出现重复，越说明函数结果的碰撞阻力大。而哈希函数就是一种能够生成具有较高碰撞阻力的函数。

Hash 一般翻译为“散列”，也可以音译为“哈希”。哈希函数能够把任意长度的输入（又叫预映射）通过散列算法，变换为固定长度的输出。实际上，由于哈希函数的输入值是无限多的，但是输出的结果却是有限的。在一定程度上，哈希输出值可能是相同的，但是概率却非常小。举个例子，哈希函数计算出两个相同哈希值的概率，相当于人类社会制造出的所有计算机，从宇宙诞生之日起就开始计算，并一直计算到今天，在所有结果中找到两个碰撞值的概率依然趋于无穷小。

哈希函数的这个特征完美解决了区块链对于信息唯一性的要求。不管是在区块链区块 ID 的生成过程中，还是在区块链网络中创建账号或密码，哈希函数的碰撞阻力都可以保证生成信息的唯一性。

（2）密码学：快速验证真伪

情景：证明信息可信

为了保证确认信息的来源和可信性，人类社会发明了很多防伪方法。尤其是在古代，前人创造了各种防伪技艺。

明清的晋商为了保证自家银票不被伪造，专门发明了微雕印章，如图 1-1 所示。微雕章的内容可以是几百字的诗词，也可以是图画。微雕雕刻的图案都非常精细，需要很大的物力和高超的技艺才能完成。在雕刻的过程中，票号还会故意要求刻错几个字，保证每个印章都是独一无二的。通过印章上预留的特殊符号，票号可以快速地辨认自家的银票，并由此增加造假者的伪造成本，让造假者放弃模仿的念头。

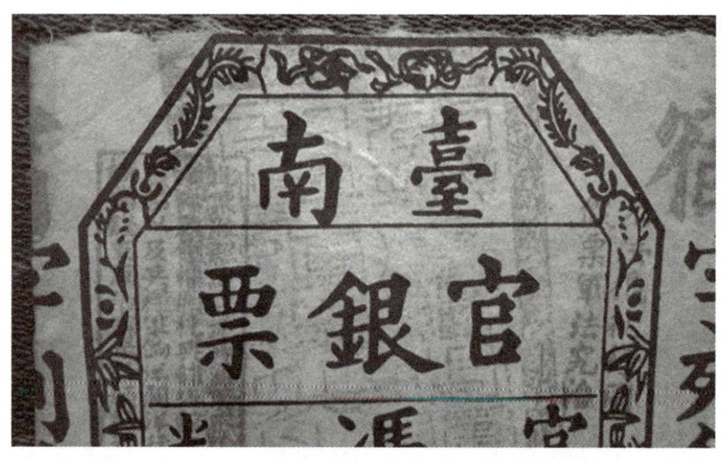

图 1–1　明清时期盖有特殊印章的晋商银票

冲突：低效的验证流程

随着防伪技术的不断发展，现代社会的防伪技术经过不断的演变升级。与此同时，在互联网时代，实物已经不再是唯一需要加密传递的对象，信息安全也变得尤为重要。例如，银行为了确认交易方的身份信息，会为用户发放专门的加密 U 盘。用户在进行业务操作时，必须将 U 盘插在电脑上进行认证。同时，为了保证信息传递的安全性，银行也会通过专门的网络链路完成用户客户端与其服务器的交互。传统互联网模式下，信息的确认在一定程度上仍然需要第三方的辅助确认，流程也较为烦琐。

在区块链网络中，所有信息的验证都需要在网络上进行自动确认，并且能够在没有第三方管理的情况下，在后台自行完成信息的确认。

疑问：如何在不依赖第三方的情况下，快速确认信息来源、证明信息的内容没有被改动呢？

回答：数字签名与默克尔树

为了快速验证账本信息，区块链应用了两个技术：基于非对称加密的数字签名和基于哈希函数的默克尔树。

区块链的数据签名主要用于解决信息来源的确认问题。由于使用了非对称加密技术，信息的加解密过程变相实现了信息来源的确认过程。大家熟知的加解密过程都属于对称加密，即一个密码可以解开对应的密文。而非对称加密过程将加密的密钥分成了公钥和私钥。被公钥加密的密文只能用私钥进行解密，用私钥加密过的密文只能通过公钥进行解密。这种加密方法给信息的来源验证提供了很好的手段。

在区块链的加密过程中，信息的发布者会应用自己的私钥对信息进行加密，而信息的阅读者只能应用发布者对应的公钥才能解开这段密文。此时，信息阅读者不仅能够读取加密后的信息，还能够证明这段信息一定是由发布者生成的，就如图 1-1 中提到的保密章。

在区块链网络上存储的信息并不是简单的数字，而是包含用户信息、账号信息等额外数据的字符串。为了快速识别账本中的数据是否篡改，基于哈希函数的默克尔树被顺势提出。默克尔树是一种二叉树，它由一组叶节点、一组中间节点和一个根节点构成，如图 1-2 所示。

在树的根节点上，区块链上需要记录的信息将被作为哈希函数输入，由此生成的结果将继续作为后续节点输入，最终所有的输入会汇集到树的根节点，得到一个唯一的哈希结果。由于哈希函数的高碰撞阻力，一旦根节点上的输入被人篡改，那么根节点的哈希结果也必然受到影响。这种模式一方面可以帮助用户快速识别出默克尔树中记录的值是否被改变；另一方面由于在区块链

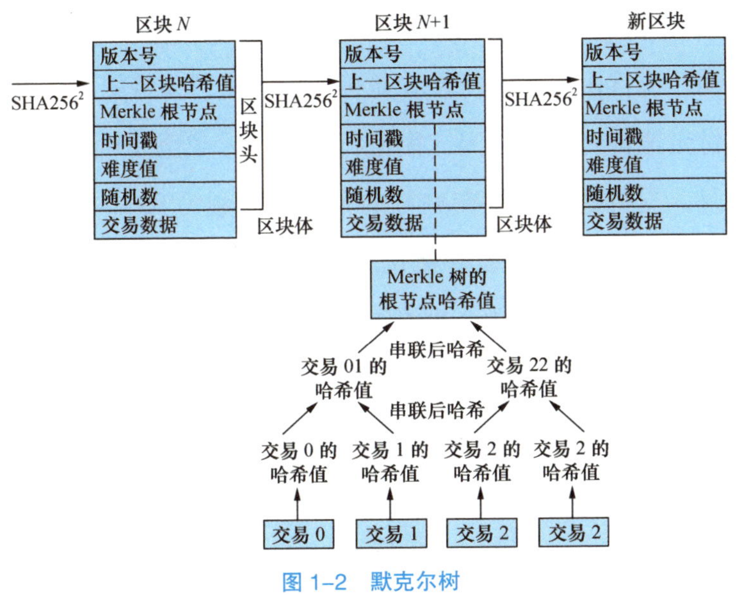

图 1-2 默克尔树

的链条上，每个区块内的默克尔树都是彼此相连的，因此这个影响会继续向前序链条传递。黑客如果想篡改账本记录，不仅要更改一个区块上的默克尔树，还需要更改所有与之相连的其他区块，极大地提高了恶意黑客的造假成本。

（3）计算机：分布共识机制

情景：保护网络交易的可信度

2018 年 12 月，中国人民银行发布特急文件通知，第三方支付机构备付金账户将于2019年1月全部撤销，最终由人民银行接管微信支付、支付宝等机构的备付金账户。根据中国人民银行的统计，截至2018年10月，支付机构存放在央行的备付金总额为9957亿元人民币，以85%的缴存比例计算，全行业备付金总额约在1.17兆元人民币。据专家分析，以中国排名前两位的第三方支付平台支付宝和微信支付来说，两个平台产生的备付金大约在6000亿元人民币和4000亿元人民币。仅仅从这些备付金中赚取利息，就能达到上千万元人民币。

其实备付金是网上购物的直接产物，也是保证交易共识的附属产物，每个网购客户都是备付金的供给人。每个客户在网络购物的过程中，会在下单后预先支付货款给支付宝等第三方支付机构，等收到商品后再告知支付机构给商家付款，从付款到收货的过程中预付的资金就是所谓的客户备付金。

由此可见，备付金实际上是保证网络交易能够顺序执行的基金基础。它能够通过第三方机构，保证交易过程的可信度：证明客户具备支付付款的能力；保护商家能够在发货后收到货款；保护客户能够在付款后收到需要购买的商品。实际上，第三方平台将网络交易的执行状态由信息不对称状态变成信息对等的状态。例如，商家可以得知客户是否预付了货款，客户能够得知商家是否发货等。从本质上说，第三方平台帮助网络交易的参与方对业务执行的状态达成共识。

冲突：去第三方的信息共识

在第三方平台上，中心机构帮助用户实现信息共识，它会负责将交易信息进行审核和记录，保证信息不会被黑客恶意篡改，保证交易能够在相互信任的状态下执行。试想一下，如果没有第三方平台存在，由谁负责记录账本上的信息？很显然，这个职责放到卖方或者买方都不合适。买方可以直接记录自己已经付款，实际上钱却打给了其他人；卖方可以记录对方已经收货，实际上商品并没有生产。买卖双方将在信息的可靠性和安全性上耗费大量的精力。

举个更实际的例子，在没有第三方平台进行预付管理的区块链网络中，存储信息的账本对于信息的接受状态很可能出现不一致，此时就会发生一个网络支付中存在的经典问题——双花问题。例如，你和商户 A 要通过区块链网络完成交易，这时你手中只有 100 元钱，商品的价值也是 100 元。你发起一个购买商品的付款流程，

把自己的 100 元转给商家 A。此时，你忽然动了歪脑筋，还想用自己的 100 元购买另一个商品，这时你可以立即再新建一个付款流程，把自己账户内的 100 元转移到另外一个商家 B。这就是一个典型的双花问题，在一个去第三方的网络中，你账户里的钱可以随时消费，没有一个管理机构会去检查你的账户是否具有足够的资金。理论上，原本只有 100 元钱的你，可以把这 100 元复制无数次后再进行交易。

疑问：如何在没有第三方平台的情况下，保证业务数据的一致性，避免双花问题？

回答：分布式共识机制

共识机制，或者说共识机制算法是区块链技术的核心算法，而分布式则是区块链账本分散管理的特性。技术上，区块链中已经存在多达十余种共识机制算法。而在"链圈"中，区块链共识更关注于要在多个参与方中实现快速、高效的信息同步。由此，基于拜占庭将军算法的共识机制正在被更多的商业区块链网络所应用。

"拜占庭将军问题"是一个经典的计算机理论问题，

其本质是一个协议问题。它假设了一个场景，只有当拜占庭军队的将军们一致决定在同一时间发起对都城的攻击时，才能取得胜利。但问题在于各位将军们都驻扎在不同的地区，需要通过信使传递信息，而且他们中还存在叛徒，可能恶意修改发起总攻的时间。为了解决这个问题，将军们将把进攻时间写在信件上，并盖上自己独特的图章，然后再把信件传递给其他将军，当信息在不同的将军间传递后，最后会得到一封盖有大部分将军图章的信件。这个信件就将成为将军们获取总攻时间的共识基础。

存在于区块链技术的拜占庭将军算法就参考了这个流程，它通过信息背书的方式对网络上的信息进行公证。每一个参与者的计算机中都会存储一份总账，每个人都能在信息得到确认后，在总账上记录一笔信息，并由计算机网络完成对信息进行实时、持续的更新。让不同的参与者账本进行实时的核对认证，快速共享信息，将不可信的分散网络转变为一个可信网络。

Tips：抛开技术理论，从应用的角度来看，分布式共识机制本质上是一种信息验证与记录技术，它能够将每个商业参与者的交易账本信息快速地同步给所有的参与者，对于以管理商务流程的区块链网络来说，效率也是最重要的指标。大家也许听过TPS（Transaction Per Second）的概念，即系统每秒内能够处理的交易总量，不同的共识算法对于TPS的影响非常大。而更高的交易处理能力，对于区块链网络能够承载的商业场景具有决定性的影响。一个未经优化的区块链平台，交易处理能力通常在每秒千笔左右。这个承载能力对于一般的交易场景还算中规中矩，但是相对于Visa支付网络或其他电商平台支持的交易量，还是很难满足要求的。这也是现在不同区块链技术平台不断提升其交易量处理能力的原因。

（4）计算机：巧设运行机制

情景：万事俱备

我们分析了构成区块链的3个关键技术点：用哈希函数的唯一性和整齐性保证了底层数据的组织结构；利用非对称加密解决了身份认证问题；利用默克尔树保证了链上数据不可篡改；通过程序设定信息确认机制，保证在网络中只有一个共识结果。图1-3展示了这几个关键技术点已经能够支撑起区块链的运行模式，但是单纯从商业应用的角度来看，区块链网络的顺利运行还需要创新式商业规则的支撑，从一定程度上来说，正是创新式地设定了区块链的运行规则，成就了区块链网络，也揭开了所谓生产关系变革的大幕。

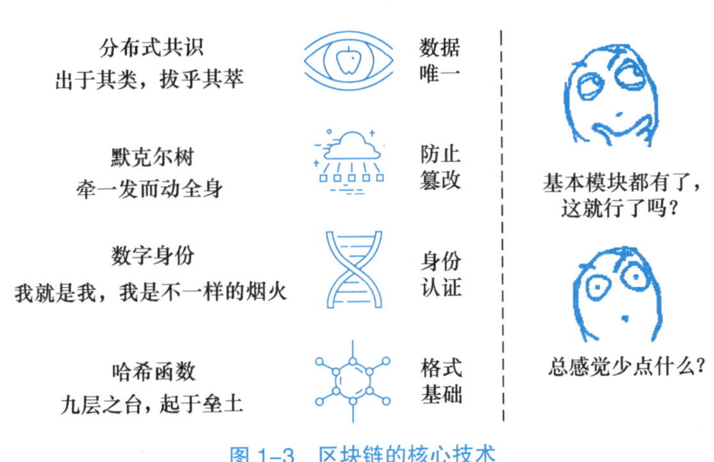

图 1–3　区块链的核心技术

冲突：数据的防伪与防变

细心的读者可能发现了商业区块链网络存在一个问题。一旦被记录到区块链账本上的数据是很难被篡改的，是能够“防变”的数据。但是如果上传到账本上的数据本身就是错误的呢？区块链如何甄别数据来源的正确性呢？如果账本上记录的都是错误或虚假的数据，区块链网络又何谈可信呢？

问题：在数据真实性无法得到验证的情况下，如何保证区块链网络数据的真实性呢？

回答：端到端的信息链条

在推进区块链技术与商业场景结合的过程中，我们曾经遇到很多实际业务问题。其中有一个非常典型的问题，即防止虚假数据被传递。针对这个问题大家通常会给出使用物联网（Internet of Thing，IoT）设备，建立物联网完成对事物信息的追踪，保证信息上传的真实性。这当然是实现信息防伪的理想手段，例如，通过安装 GPS 设备能够追溯车辆的位置信息，安装基于 AI 的图形识别设备可以鉴别产品特征（在有些生鲜产品的追溯过程中，部分商家采用 AI 识别不同生物的面部、声音等特性）。

其实，区块链防伪的关键在于其形成的商业网络将逐步趋向于一个完整的业务链条。

区块链建立的商业网络与传统信息传递技术的核心区别在于其打破了点对点的企业合作模式。这种模式把传统的关注于企业内部的信息集成，转变为关注与外部合作伙伴共同建立信息共享网络。因此，区块链网络上存储的数据是贯穿整个商业流程的关键阶段数据。这些数据将记录一个交易从发生到结束的端到端的信息链条。在这个链条上，产品的相关数据可以快速地进行查证。

与传统的分段的数据传递方式相比，在区块链网络上查找数据将更高效、更统一。例如，在食品供应链追溯的场景中，区块链网络可以建立一个基于实物产品条形码的追溯信息链条，把产品在出厂、运输、分销等环节的状态信息都存储在区块链账本上。因此，单独在一个环节进行信息造假的成本将逐步提高，其传递的信息由孤立的企业内部记录，转变为信息链条的一个环节，从而必须与其他环节进行匹配。区块链网络的价值链条如图 1-4 所示。

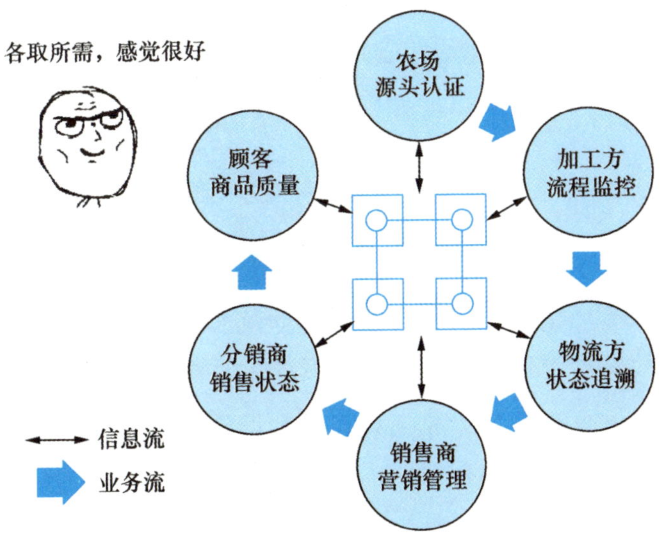

图 1-4　区块链网络的价值链条

2. 技术特点

在了解区块链的核心技术点后，我们可以发现区块链技术本质上就是一个“去中心化”的加密数据库，是分布式数据存储、共识机制、加密算法等计算机和密码学技术的新型应用模式。基于上述核心技术，我们将进一步介绍区块链的技术特点，如图1-5所示。

分布式	开放式	自治性	不可篡改	匿名性
■分布式核算 ■分布式存储 ■“去中心”管现机构成存储 ■节点权利、义务均等	■交易私密信息隐私加密处理或摘要化 ■其他数据公开 ■信息高度透明	■遵循协议规范 ■节点自由安全交换数据 ■由人为信任转为机器信任 ■消除人为干预	■事件记录永久保存 ■单节点修改无效，除非控制51%以上的节点 ■数据稳定、可靠性高	■节点数据交换遵循算法 ■区块链中程序规则自行判断活动是否有效 ■数据交互无须公开身份

图1-5　区块链技术特点

Tips：此处，我们将区块链技术解释为加密数据库，是单纯从存储数据的角度进行通俗介绍。实际上，区块链更应该被解释为数据源。区块链的账本并不具备数据库的数据管理功能，或者说需要进行额外的开发。其账本应该成为其他业务领域挖掘数据价值的源头，让账本数据提供数据服务。

（1）分布式

区块链通过分布的各个节点对数据进行验算和存储，保证数据的一致性，有别于传统的数据储存方式，分布式存储不会因为中心数据节点受到攻击而影响数据的安全性和完整性。区块链中每个节点的权利和数据信息都应该是相等的，区块链系统的运转和维护由这些链上的节点共同完成。

（2）开放性

整个区块链平台是公共、公开的，任何人都可以通过相对应的接口来进行访问和查询。每个区块中除了部分敏感数据会被加密无法正常读取外，所有的信息对所有的访客开放。

（3）自治性

区块链平台通过使用一种能使各个节点达成共识的规范或协议（例如共识算法），使各个节点之间能够快速达成共识，不会因为某一个节点报错或被攻击而影响整个区块链的运行，消除或减弱“人”在整体架构中的影响。

（4）信息不可篡改

区块链中的交易一旦通过数据验证，就会被各个节点永久地储存起来。因为各个节点之间具有共识特性，除非能够同时控制超过区块链中51%的节点数，否则单一节点的数据修改无法影响到整体的数据，保证数据无法篡改，提高数据的稳定性和可靠性。

（5）匿名性

由于各个节点所包含的规则会判断数据的正确性，所以各节点之间的数据交互不需要交易双方公开验证自己的私钥来提高交易的信任度，确保交易双方的隐私安全。

区块链的发展路径

1. 区块链 1.0 ~ 3.0 时代

从区块链技术角度出发，其行业发展历程可以分为如图 1-6 所示的 3 个阶段，分别是区块链 1.0、区块链 2.0、区块链 3.0 阶段。从这 3 个发展阶段可以了解到区块链经历了不断的升级和演变。

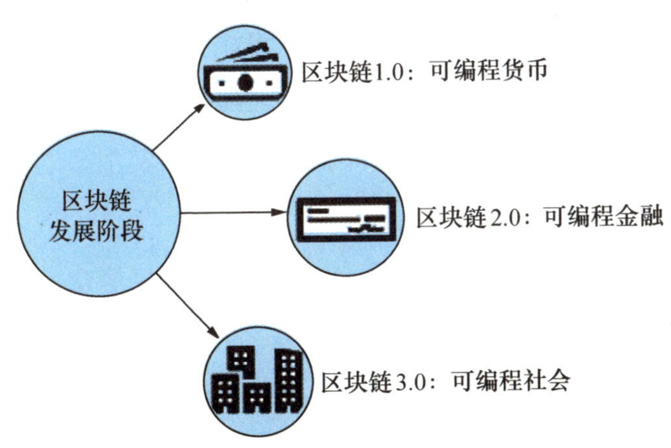

图 1-6　区块链发展的 3 个阶段

（1）区块链 1.0：可编程货币

典型技术：在区块链 1.0 中，区块链技术伴随比特币的产生而产生，可编程货币的出现，使得价值在互联网中直接流通成为可能。最重要的是，这建立了一套密码学的账本，提供了一套新的记账方法，与传统的记账方式完全不同，它具备分布式存储、不可篡改、不可伪造、可追溯的特点。

主要缺陷：区块链 1.0 不支持其他功能在此上面开发，例如写入智能合约功能等。

（2）区块链 2.0：可编程金融

典型技术：在区块链 2.0 中以太坊就相当于一个基础链，一个底层的搭建。以太坊的计划是建成一个全球性的大规模的协作网络，让任何人都可以在以太坊上进行运算、开发应用层，这样就赋予了区块链很多的应用场景和功能实现的基础。

主要应用领域：股票、清算、私募股权等众多金融领域。

主要缺陷：区块链 2.0 无法支持大规模商业应用开发，例如说交易速度，以太坊每秒不超过 20 笔，会造成网络的堵塞，使用户无法完成交易。

（3）区块链 3.0：可编程社会

典型技术：在这个阶段，人们试图用区块链来颠覆互联网的最底层协议，并试图将区块链技术运用到物联网中，让整个社会进入智能互联网时代，形成一个可编程的社会。

主要应用领域：实现自动化采购、智能化物联网应用、虚拟资产的兑换和转移、信息存证等应用，可以在艺术、法律、开发、房地产、医院、人力资源、公证、仲裁、审计、域名、物流、医疗、邮件、鉴证、投票等领域应用，应用范围扩大到整个社会。

主要缺陷：目前对于区块链 3.0 仍未有一个统一的定义，对区块链 3.0 的未来应用也还在探索之中，代表是 EOS、Telegram 等新一代的区块链基础建设者。

2. 区块链技术对比

我们从表 1-1 中区块链 3 个发展阶段中分别选取了 3 种具有代表性的区块链技术，并从 7 个方面对比了它们的技术差异。从中我们可以看出区块链技术随着社会需求变化的发展趋势：从最初只具备单纯支付型功能的比特币网络，逐步发展为支持商业运行的通用型区块链网络；从需要挖矿完成共识的公共网络，发展为支持 PBFT（实用拜占庭容错系统）的商业联盟网络；从不支持个性化开发，到支持多语言的业务流程定制能力。

表 1-1　3 种具有代表性的区块链技术

	比特币	以太坊	超级账本 Fabric
平台目标	支付型区块链	通用型区块链	通用型区块链
共识机制	挖矿	挖矿	可插拔的 PBFT
货币属性	比特币（BTC）	以太币（Ether）	无
挖矿奖励	有	有	不需要挖矿
网络形式	公有	私有或公有	私有或公有
开源情况	开源	开源	开源或定制
智能合约	没有明确支持	支持 Solidity 语言	支持多种编程语言

在后面的区块链应用分析过程中，我们也将以分析区块链的商业应用为目标，重点研究基于联盟链的区块链商业应用方式。

在介绍了区块链技术的基本概念后，本书将在后续的章节中介绍区块链技术在商业领域的"链圈"应用场景，重点关注应用区块链改变传统的商业运行模式，提高业务运行效率等业务场景。对于不同行业的业务改造具有实际的借鉴意义，同时对于面向用户的区块链应用也具有一定的参考价值。

第二章
区块链应用的 4D 模型

"锁定时局"的 4D 模型

从哈希函数到分布式账本，社会大众已经积累了足够多的区块链知识。那么当区块链技术变得不再神秘的时候，究竟如何寻找合适的业务落地场景，如何发挥出区块链技术的优势，这些问题正在成为业界讨论的焦点。

其实，解决问题的方法就如荀子所言："见之不如知之，知之不如行之。"区块链技术的应用也是如此，我们可以从它的特性出发，由小的场景到大的平台，逐步形成基于区块链的生态系统。

既然大环境下实施区块链技术已经变得如此重要，想要知道梨子的味道就需要亲自试吃，那么究竟怎么开始区块链实践，有没有什么指导方法，要注意哪些问题呢？针对这些实践者可能提出的问题，我们希望基于项目实施过程中对区块链的理解，为实践者提供一份应用区块链的参考资料，介绍区块链技术应用过程需要注意的问题。整个过程将按照项目实践的时间顺序归纳为 4 个阶段，并分别用一个以英文字母 D 开头的单词进行标识，形成如图 2-1 所示的 4D 模型：探索

(Discover)、设计(Design)、实施(Deploy)、布局(Distribute)。

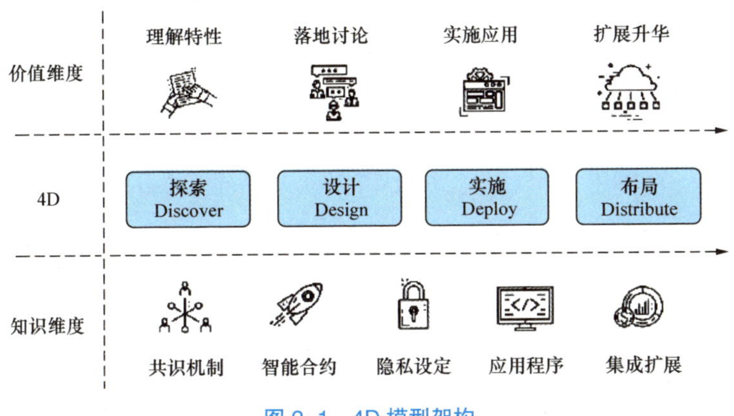

图 2-1　4D 模型架构

为了帮助大家记住每个步骤的核心要点，我们也可以用 4 个字来概括每个阶段的中心思想：“锁、定、时、局。”

“锁”代表第一个阶段的探索过程，实践者要理解区块链的应用特性，锁定区块链应用的方向。

“定”代表了第二个阶段的设计验证过程，实践者要按照标准筛选头脑风暴中迸发出的案例，并完成示范案例的快速实施，为大规模的推广应用提供经验支持。

“时”代表了第三个阶段的实施过程，在完成概念验证后，实践者需要完成验证过程的复盘分析，结合自身特点实施区块链正式应用。

“局”代表了第四个阶段的布局过程，旨在帮助实践者明确支撑区块链发展的战略措施，为未来的长期发展做准备。

在图 2-1 中，4D 模型可以从两个维度解读：**价值维度与知识维度**。这两个维度分别从价值本质和知识核心两个方面发掘和推进区块链技术。

价值维度是从项目实施的角度分析，每个步骤都在逐步增加区块链应用的价值。这也是 4D 模型在推进过程中的基础路线。知识维度是对区块链应用过程的技术核心，每个步骤的出发点也是技术的知识点，保证应用的推进符合区块链技术的特点。

4D 模型的流程

基于区块链技术特点以及 4D 模型架构，我们将以实际应用过程的时间轴为主线，建立如图 2-2 所示的 4D 模型应用总体流程。

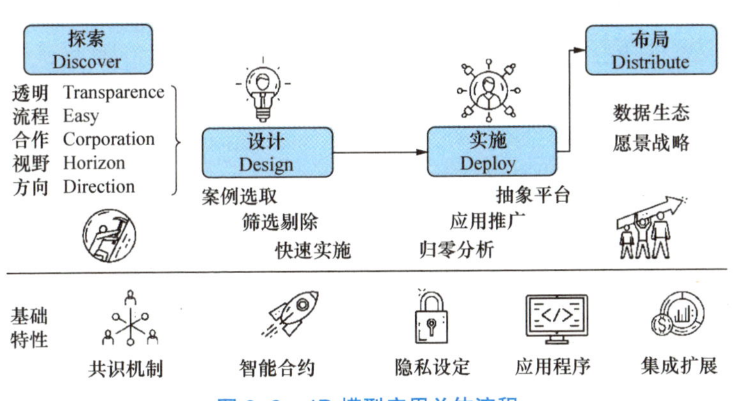

图 2-2　4D 模型应用总体流程

1. 开始探索

要想发掘区块链与实际业务的结合点，首先要理解区块链对于实际业务起到的作用。通过总结与分析，我们将区块链特性归集为：透明化（Transparence）、业务简化（Easy）、合作（Corporation）、愿景（Horizon）4

个方面，在此基础上，提出 1 个指导方向（Direction）作为探索区块链应用的准则，加在一起形成 TECH+D 5 个特性。后续实际应用场景的确认与扩展都可以对应到上述 5 个特性。

5 个特性总体上遵循项目实施的时间关系。同时，在实施过程中，又可以将其理解为一种相辅相成的递进关系。每个特性在具体内容上既相互独立又相互交叉，共同作为推进项目分析过程的基本标准。因此，在具体的分析过程中，并不需要保证所有的案例都具有上述特性，而是需要结合实践者的目标，在特定的时间、特定的阶段对某一个方面进行重点分析。例如，在项目的设计和实施阶段，在分析和实施过程中都可以重新评估实际案例在透明化（Transparence）或业务简化（Easy）上的收益，也可以分析案例在未来的可扩展性（Corporation）。每个特性的可用阶段并不受限于 4D 模型的应用流程。

2. 精准落地

设计阶段的目标是找到合适的场景后快速进行区块链应用验证：一方面加深参与方对区块链技术的理解；另一方面为未来搭建正式环境筛选合适的案例。

首先，在场景设计过程中，提出确认区块链验证场景的筛选标准。为实践者选择合适的区块链应用案例提供参考依据，尽量避免出现“尬蹭”区块链技术的情况。接着，当实践者有了应用区块链的备选方案，还需要进一步评估所选案例是否能够发挥区块链的特性。为了帮助实践者选取最优的测试案例，我们提出基于区块链应用特性的测试要点。这些测试要点也可以作为确认验证是否成功的衡量标准。最后，由于区块链应用的设计过程本质上是一个头脑风暴过程，为了辅助实践者更好地完成概念论证，在筛选标准和测试要点的基础上，我们将介绍设计思维（Design Thinking）的方法论，实践者可将其作为快速论证案例的指导框架，实现区块链应用的效果论证。

在 Design 阶段，实践者选取的验证点可以只是区块链应用 4 个特性之一，不需要验证所有特性。例如，重点关注提升业务透明化的区块链特性，将个体间的信息共享作为侧重点，分析出常规业务中普遍存在的信息盲区，将其变为多方共享的业务模式，从而提升信息的沟通效率。在后续的分析过程中，可以通过逐步扩展数据的共享方，发挥区块链的合作（Corporation）与愿景（Horizon）特性。

3. 实际推动

在经过区块链的概念论证后，需要确认验证结果是否达到预期收益，对验证过程进行复盘分析，研究未来区块链应用如何进行网络扩展，扩大平台收益。

在平台实际的推动过程中，我们将参照互联网平台的发展模式，分析其变革传统业务的过程，以及互联网平台的扩展方法，对标分析区块链的发展模式，从深度和广度上充分发挥区块链的应用特性。接着，我们对实践企业的自身情况进行具体分析，关注区块链正式环境的底层架构，为未来区块链正式平台的搭建打下基础。最后，我们还将介绍区块链平台模块化的重要性，介绍在实施过程中继续利用 Design Thinking 的方法，迭代提炼基于区块链特性的标准业务模块，将其用于更多的跨领域的业务场景。

4. 扩展升华

扩展升华的目标是充分发挥区块链技术特性，参照长尾理论变革传统业务的模式，将共享账本数据应用到范围更广的利基市场，进而应用塑造型发展战略指导业务发展，争取成为未来新型市场规则的制定者和行业的领导者。

传统的数据共享模式只能将数据在某个范围的个体内进行共享，在范围外的个体很难获取这部分数据，而且也很难验证数据的正确性。区块链在账本上记录的数据可以通过向其他个体的其他业务模式提供数据支持，从而不断地扩大数据的应用价值，由此带来的价值也不单是业务模式的优化，更是数据价值维度的升华。这也是区块链技术与传统数据共享模式的最大区别，将对未来互联网时代的发展提供更广泛的可信数据支持。

4D 模型的特点

4D 模型更加专注于从技术到场景的落地过程，突出用户实践中需要了解的操作准则，弱化前期对 IT 技术以及区块链原理的依赖。随着用户在实践过程中的逐步深入，阐明具体技术的使用场景，加深用户对于区块链关键技术，尤其是应用特性的理解。

1. 融合用户关注的模块

在区块链的应用过程中，用户需要明确的内容与开发人员要掌握的知识存在较大的区别。**用户重点关注实施过程中的共识机制设定，智能合约编写，以及应用程序集成等业务问题。开发人员则更加看重在业务层面下的 IT 结构，包括身份证书管理、加密算法插拔、账本数据分发以及数据触发机制等。**每个业务步骤都需要对应的 IT 技术支持。如图 2-3 所示，Hyperledger Fabric 白皮书解释数字签名的验证过程，其中涉及对于数字签名、信息分发等技术概念的介绍，然而业务实践者并不需要明确其中涉及的技术细节。

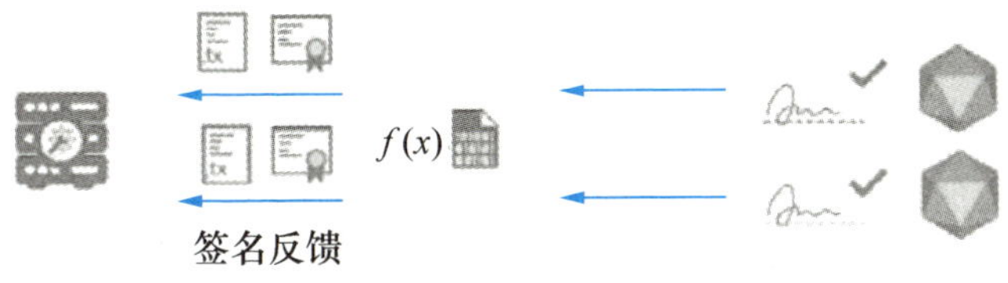

图 2–3　基于数字签名的交易背书过程

在 4D 模型的特性分析中，我们将逐步把区块链技术中涉及的功能模块集成到实践步骤中，帮助用户理解每一个功能模块能够起到的具体作用。例如，在概念论证阶段，用户可以更加关注智能合约的设定，明确现有业务系统可以与区块链平台进行数据集成和联动。在应用扩展阶段，用户则需要明确区块链能够将企业数据进行加密隔离，快速实现不同合作伙伴的数据隔离，保证企业交易数据的隐私性。

2. 由点到面的应用过程

截至 2015 年，区块链领域的投资曾经出现井喷式发展，一度增长到 4.69 万亿美元。从地域分布上看，区块链企业在全球范围都受到了相应的追捧，主要集中在美国、欧洲以及亚洲等少数国家，其中美国的优势最为突出。在区块链近年快速发展的过程中，各个行业都在进行区块链应用场景的落地实践。但是，某些实践者强行将区块链技术应用到不恰当的业务场景，形成一种"拿着锤子找钉子"的现象。这是技术应用需要极力避免的情形。

Tips："拿着锤子找钉子"这句话来自查理·芒格曾经说过的一句话："拿着锤子的人，看啥都像钉子。"这句话表达的意思是：当人们的大脑里只有一种思维工具或方法时，更倾向于用这种思维工具或方法来解决和分析问题。芒格通过这句话想告诉人们要掌握更多解决问题的方法，多积累各类思维工具，不要只用一种工具或方法。越是在区块链技术火热的时期，实践者更需要明确区块链只是解决问题的一种工具，并不是所有的业务场景都适合用区块链技术去解决。例如，传统的企业间系统信息传递可以使用很多技术手段，包括 FTP、EDI 等。这些都是解决信息传递问题的"锤子"，当你决定选择区块链作为解决方法时，一定要明确这些方法到底存在哪些差异，区块链的关键优势体现在哪里。千万别拿着大锤子砸了个大头钉。

从区块链应用方向上，现有的案例可以分为两个方面：独立于现有领域的新型模式；基于现有业务的渐进变革。

创新型模式强调打破传统的业务流程，从分布式的角度思考问题。我们认为这个方向还过于超前，尤其是在其他业务领域进行独立运行时。这将对现有甚至成熟的业务模式产生极大的影响，因此也很难进行推广应用。这可能也是为什么区块链大潮来临时，大家更多去关注“币圈”，然而在其他业务领域很难形成“独角兽”应用的原因之一了。

基于现有业务的渐进变革则更加关注企业的痛点。通过分析区块链特性，找到符合自身业务场景的落地应用。从小的案例验证出发，快速体现应用区块链的价值。在小范围验证效果的基础上，考虑更广的项目实施或推广应用，再去研究面向未来的战略规划。

4D 模型的设计理念倾向于基于现有模式的渐进变革，鼓励实践者从现有业务的痛点出发，尝试利用区块链技术特性解决现实问题，为深刻的业务变革，甚至业务模式的创新提供实践支持。

3. 面向未来的战略规划

目前，以比特币为代表的公有链也在推广除了加密货币以外的其他引用，例如，以太坊支持通过智能合约完成企业交易。但是公有链的某些特性使其无法满足企业应用的需要，例如，共识算法计算效率较低，链上数据对全网用户公开，加密机制存在潜在漏洞等。因此，现在主流的企业级商业区块链都采用了联盟链的方式，只有商业网络授权的用户才能参与到相应的联盟。

在创立商业联盟的过程中，尤其是规划基于区块链的新型网络联盟时，设定正确的具有前瞻性的发展战略就变得尤为重要。4D 模型将在由点到面的落地应用上，落脚于塑造型战略规划方法，用于指导企业未来网络联盟的发展。实际上，很多国际知名企业已经在投资不同行业的区块链公司，提前涉足不同领域的区块链联盟，旨在抓住重塑不同行业市场规则的潜在机遇，如图 2–4 所示。

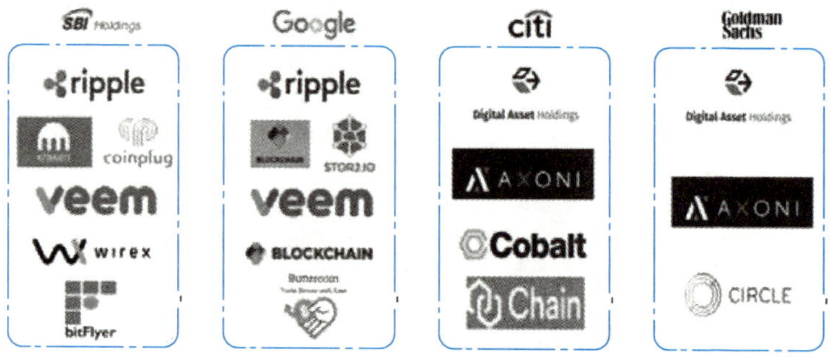

图 2–4　部分国际企业的区块链布局

第三章

探索（Discover）：从 0 到 1 认识区块链

基础理念：理解区块链的 TECH + D

我们在几年前开始接触区块链时，对新知识的学习曲线深有感触，深知在学习的起步阶段，实践者会面临很多困难。

一方面，当前碎片化知识过于纷杂。打开百度搜索区块链，跳出来的都是交易网站，各种近乎垂直上升的曲线让人很不淡定，后悔为什么五年前没有抓紧时间研究怎么进入“币圈”。另一方面，有关实际应用的介绍太少。区块链底层技术白皮书像英文字典一样厚，社区上介绍架构的文章也多在介绍区块链原理。大家都处在初入山门的探索阶段，希望尽快理解区块链技术。那么究竟怎样把区块链技术用到实际场景中，它和传统的信息处理方式又有什么不同呢？我们结合自身的理解，将在本节总结区块链的应用特性，直击区块链应用的基础概念，掌握实践区块链的基本方向。

区块链的应用特性分为 4 个部分：透明化（Transparence）、业务简化（Easy）、合作（Corporation）和愿景（Horizon）。每个单词的第一个英文字母结合在一起，就是英文技术的缩写“TECH”。在此基础上，我们还将分析区块链应用的选取原则，作为落地区块链技术的指导方向（Direction），将后续验证应用提供主体支持，形成区块链探索阶段的 TECH+D 形式。这 5 个特性就是指导实践者筛选案例、落实实施、推广扩展的基本依据。区块链应用特性的关系如图 3-1 所示。

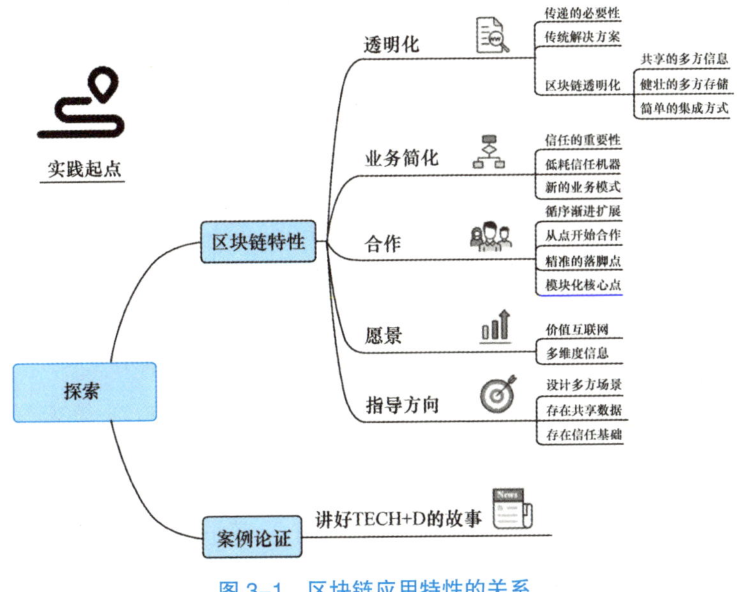

图 3-1　区块链应用特性的关系

提升多方业务的信息透明化

1. 流动的重要作用

截至 2010 年年底，全世界油气管道干线长度已经突破了 200 万千米，美国的输油管道长度已经有 100 万千米，足以绕地球赤道 25 圈。未来 10 年，中国将有规划地建设 14 条油气输送管道，完成"两纵、两横、四枢纽、五气库"，总长超过近万千米的油气管道网络。不仅是美国和中国，世界上主要的国家都在不断地加强输油管道建设，就是为了让石油资源能够流动起来：一方面为各大城市提供原料供给，维持人们的日常生活需要；另一方面也为各大港口提供油气出口的原材料。由此可以看出，资源的流动性对于普通人的生活、国家的发展乃至全球经济的发展有起到至关重要的作用。美国作家帕拉格·康纳在其著作《超级版图》中指出，全球供应链正在飞速集成，其中资源的流动性对于任何超级大国都至关重要。

在介绍实体资源流动性的同时，《超级版图》一书还强调了信息时代下数据流动的重要性，更是将数据比作信息时代的“石油”，而且是“高流动性的石油”。在基于互联网的虚拟世界中，控制好信息这个柔性资源，对于提高各国供应链的集成程度、提升信息时代下的商业市场运行效率都异常关键。

康纳的观点让我们注意到流动性不仅对物理世界的发展尤为重要，而且在以互联网为基础的虚拟世界，流动的数据也将带来更大的价值，让集中在某一个区域的数据服务于更多的行业领域。

Tips：我曾经接触过某气象单位的大数据团队，他们与某啤酒制造商合作，共同研究中国某城市夏季天气与啤酒销量的关联程度，用于预测当地啤酒的供货量，这就是一个典型的气候数据流动性案例。气象单位可以将其掌握的卫星云图向其他行业提供基础的气候数据服务（天气预报数据只是非常粗略的数据，气象局还掌握着更加精确和详细的气象数据，甚至可以预测某个区域在何时会下雨）。

2. 传统的信息传递

既然信息流动性对于现代社会如此重要，那么信息时代下的企业又是如何传递数据的呢？让我们一起来分析一下现行的信息传递解决方案。

在建立信息系统之前，企业间的信息传递只能依靠人工发送邮件和文档，而且在没有流程指导的情况下，信息的发送就更加随意，经常出现文档丢失、传递滞后等情况。举个例子，大家有没有经历过一种"滞后"加班：半个月前上级单位下发通知，要求各个单位提供某个方面的建设方案，但是经过层层部门传递、转发，最后转到自己手上时已经到了交稿期限。对于上级单位发生的这种情况，下级单位也没有办法。但是，如果这种情况发生在商业企业之间，其他企业绝不会零成本地完成这些任务。

随着信息技术的不断发展，企业的业务管理水平也在不断提升，很多企业都实施了专业的信息系统来完成业务管理，在不同的业务领域也逐渐出现了类似于OA、CRM、ERP、MES等专业的套装软件。然而，随着企业内信息系统不断增多，新的系统需求也随之产生：随着企业交易网络不断扩张，为了支持多方的货物采购、产品销售、账单结算等业务场景，不同企业间的系统数据必须进行实时高效的交互。如何解决跨企业的信息传递问题正变得越来越重要。

传统的企业间信息传递的解决方法也很简单，就是搭建信息传递的桥梁，建立从企业到企业的信息传递通道。但是，暂且不计企业内不同系统的交互路径，假设每家企业都和其上游 / 下游企业建立一条信息主干道。那么随着企业合作伙伴的不断增加，这个集成路径就将变成一张逐渐扩张、互相交叉的“蜘蛛网”，如图 3-2 所示，也许只有蜘蛛侠会喜欢这种模式。

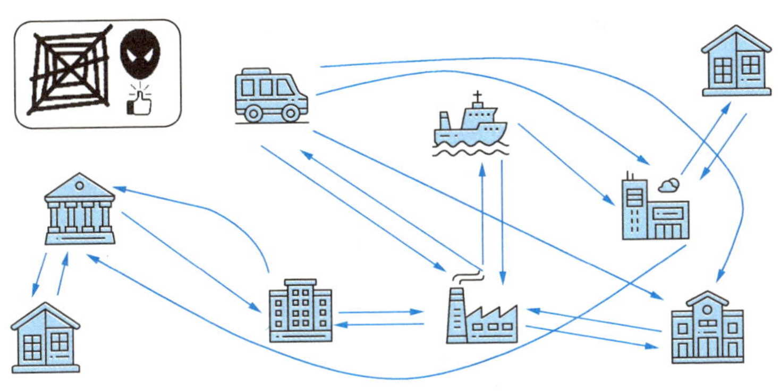

图 3-2　企业间的点对点信息传递通路

想象一下，你是企业的供应商管理人员，一个人需要管理十几家供应商。你刚按照计划向各个供应商更新了本月的物料采购需求。生产部忽然打来电话，强调下周必须保证物料提前到位，顾客的订单需要加急处理。你拿出笔和纸，把所需物料的型号、到位时间记下来，立刻拨通供应商的电话，向他们沟通供料计划，并编辑邮件把详细的信息发送给对应的接口。当你得到了供应商可以供料的答复，立即给生产部发邮件反馈预计到料的时间。终于解决了生产部的急单，计划部又召开会议讨论物料参数更改问题，你负责的几个供应商就在其中，部分供应商的供料参数需要修改，下一轮的电话和邮件沟通又将重启。这仅是某一个跨企业管理岗位的日常工作。站在企业的高度，沟通工作将涉及整个供应链的采购、运营、物流和计划环节。

在现行的信息传递解决方案中，企业间不断增多的点对点传递路径将导致 IT 运维成本大幅增加。与此同时，由于业务链路上传递的多方信息状态不够透明，会出现不同程度的业务摩擦，IT 和业务人员还需要和多个流程参与方共同查找问题的根源，由此会产生大量的业务沟通成本，影响业务的执行效率。

区块链作为一种分布式加密技术，最基本的特性就是实现数据的分发与存储，非常适合于解决信息传递问题，尤其是多个参与方的信息传递问题。它可以将企业间的信息数据放置在多方共享的统一账本中，改变串行的集中信息的传递方式，按照个体的需求传递对应的信息。

那么，这种新式的数据传输方式与传统的信息传递方式存在哪些区别，又有哪些特殊的属性呢？我们将在下节基于区块链的技术特性从 3 个方面进行阐述。

3. 高效的信息集合

（1）共享的多方信息

当信息需要在多个实体间进行传递时，“去中心化”数据存储方式可以快速地完成信息共享，将企业间业务信息的传递过程简化为企业与共享数据账本的单线交互。在这个过程中，数据的验证与传递变成了并发的处理过程，数据发起方上传的数据需要指定的参与方进行背书验证，然后由点对点的传递网络将加密后的数据同步到各个参与方的账本上。**这实际上是在每个参与方的服务器上，都建立一个实时共享的数据库。某一个参与方将信息传递到数据库上，其他的参与方也会快速得到数据。**由此，多方信息的共享过程将由蜘蛛网型的点对点传递，变为存储于多方账本的实时共享方式，如图 3-3 所示。

举个例子，在海关贸易的过程中，货船到达某个港口后，需要向当地海关申报入关，这时海关需要确认货物的来源，运输公司需要出具相应的材料，证实货物的发起方。在这个业务过程中，将涉及多方信息的核对和沟通。如果某一个信息存在多方留存不一致的情况，业务方就要消耗大量的时间在多方之间核对问题数据，查找导致信息不一致的原因，保证信息没有经过恶意篡改。如果利用区块链的可信网络，货物发起方就可以将订单信息经过加密后上传到共享账本，海关可以直接在账本上查看订单的信息，核对物流公司申报的实物是否和共享账本中记录的信息一致，由此为多方的业务执行提供一个公共的、可信的数据传递和存储方法。

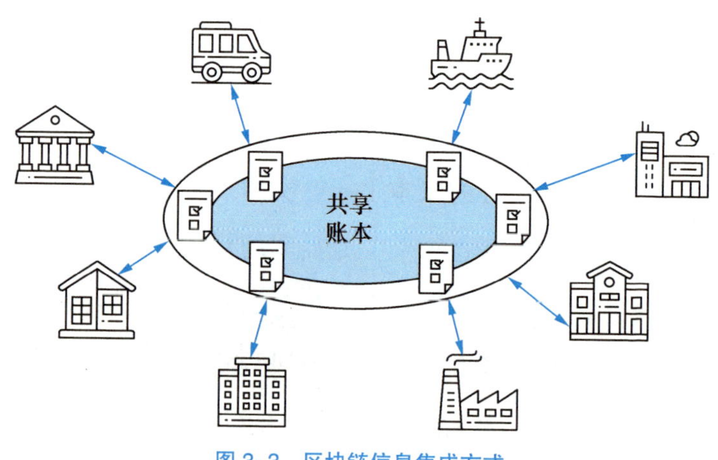

图 3–3 区块链信息集成方式

多方的信息共享只是共享账本作为一个信息存储介质的天然特性，任何“中心化”的数据库或多方建立的数据平台理论上都可以作为快速查询数据的源头，那么区块链的共享数据又具有什么特别之处呢？这就需要继续了解区块链的加密过程和数据分发过程带来的优势。

（2）健壮的多方数据存证

一方面，如在第一章介绍的区块链技术核心利用不对称加密技术，区块链上的共享账本信息可以通过私钥与公钥互相解密，快速确认数据来源的真实性，而不需要与发起方进行再次确认。在实际的数据传递过程中，数据发送方可以用自己的私钥加密信息，数据接收方可以利用发送方的公钥进行解密。如果能够看到加密前的数据，就可以确认信息是由发送方上传的。

另一方面，区块链的加密数据会发送到所有参与方的账本上进行备份。恶意的数据修改需要更改的不仅是一个账本上的信息，而是要突破所有参与方的网络防护，改变所有已经备份的账本。因此，账本上的加密数据理论上是不可篡改的。单从成本上分析，企业进行数据篡改的成本远大于直接承担业务错误的成本。不仅如此，一旦单方的数据遭受删除或发生数据丢失，其他账本可以快速地对受破坏的数据进行恢复，始终保证数据的一致性和健壮性。相对于传统的“中心化”数据库，不需要再匹配多个数据备份服务器。简单点说，**区块链账本就是一个管理员都没有权限修改信息的共享数据源**。这

也是为什么区块链技术适用于解决各类信息追溯的场景。因为信息一旦上传到网络就很难再进行修改。

Tips：在业务的实际处理过程中，如果确认需要更改数据记录，可以通过对冲的方式进行调整。所有调整记录都将被记录在共享账本。例如，如果某一家供应商发货时将 100 个产品错写成了 50，并已经发送给区块链账本。此时要修改账本数据，首先要记录一笔 -50 的发货单据，将错误的单据进行抵消，再重新创建一个 100 的发货单据，或者再补发一笔 50 的发货单到区块链网络。

随着公共区块链平台的发展，有人也把区块链称为"不需要运维的数据库"，其出发点也是区块链分布式存储的特性。现在比特币的服务就不需要运维人员，分布在全球的矿机都会自动连接成网络，更不用说那些只是存储部分信息的轻节点。

Tips：非对称加密技术并不是区块链技术首次发明的，甚至不是第一次应用的。区块链只是应用了公开密钥的加密原理。早在"二战"时密码学研究人员就已经在总结此类解密技术。这种加密技术具有两个特点：有两个分别用于加密和解密的样式；两个样式在数学上具有关联关系。这种机密机制极大增加了解密的难度，让破译密码只能进行一次次的数据实验，没有可以利用的捷径。计算机破译此种加密样式需要耗费至少 50 年的时间。然而利用私钥和公钥的关联关系进行加密和解密，却只是两个简单的乘法问题，可以完成快速的数据加密和密码验证。这也从另一方面说明了区块链技术本质上并不是一个创新技术，而是一种集成多项计算机和密码学技术的创新混合体。

（3）相对简单的共享方式

此处提到的相对简单的信息存储方式，是鉴于通过 IT 技术的角度与现有企业间信息传递方式进行比较，体现出区块链集成的特点。区块链实践者可以更好地了解技术的实现难度。

区块链平台的信息对接主要采用 API 的方式进行交互。API 通路的开发对于一般 IT 开发人员属于较为简单的集成技术，技术应用的门槛较低，而且可以快速地实现与现有业务系统的对接。从数据集成的角度来看，对于现有信息系统的架构影响较小，可以作为一套独立的数据共享平台。相对于传统的数据存储方式，区块链平台在开发难度上也相对较低。但是当前并未形成现有的区块链平台或共有服务，因此企业可能需要单独开发平台，由此也会产生一定的成本。

Tips：国内很多企业提供的区块链平台对外都不收取使用费用。国际上，某知名云厂商提供基于 Hyperledger Fabric 的 Blockchain 服务。在其云上搭建服务需要支付每个节点 1000 美元 / 月的费用。通常情况下，搭建一个简单的应用平台需要至少购买 3 个节点。

改变传统的业务流程

1. 信任基础

在社会信任中，人与人之间需要建立坚实的信任基础。在生活与工作的过程中，个体间的相互信任是进行商务合作的基础，人们可以通过了解对方的资历，增加日常交流等方式提高亲密度。著名的麦肯锡信任公式将人与人之间的信任用数据公式的方式进行了说明。

$$\frac{(C+R+I)}{S}$$

其中，T 为 Trustworthiness（信任程度），C 为 Credibility（可信度），R 为 Reliability（可靠度），I 为 Intimacy（亲密度），S 为 Self Orientation（自我中心的程度）。在公式中可信度和可靠度都可以分为理性和感性两个部分，而亲密度则完全属于感性部分。

在商业信任中，为了保护企业的商业利益，企业的运转过程需要通过签订商业合同的方式增加合作的可信度。与此同时，每个人的身份与财产等需要依靠国家机构、金融机构等进行认证和管理。而国家和金融机构都具备极高的可信任度。由此可见，商业信任对于每个人、每家企业都至关重要。在当前社会，现有信任模式通常需要依靠统一的管理方进行保证。“中心化”组织依靠其可信度为个人或商业企业的信息或行为进行背书，保证社会的正常秩序。

“中心化”组织是保证信任的重要形式，对于社会的发展至关重要，但“中心化”的模式也存在一定的问题。例如，信息的查询与确认的效率较低，期间需要经过多个环节的处理。正如前些年曾经出现的证明“你妈是你妈”的问题，各种跨机构的信息确认将耗费举证人大量的时间。虽然政府已经通过精简流程，简化了此类问题的处理环节，但这类问题还是会存在于此类核心机构的管理机制与流程中。

我们不认为所有“中心化”业务都应该进行调整，但是在某些适当的领域使用分布式管理模式确实能降低信任的获取成本，从而有效地优化部分传统的业务流程，减少确认信息可信度的成本。这将对社会的运转产生有益的帮助，也能避免传统组织模式带来的某些问题。

Tips：2018年6月，山东省济南市提出深化政务“一次性办成”改革措施。在济南高新区运用科技手段推进“互联网＋政务服务”，搭建了统一各个业务系统的政务系统管理平台。其中还运用区块链技术解决了不同业务部门、不同业务系统的证件照可信传递问题，极大简化了办事群众准备与提交材料的成本，具体如图 3-4 所示。

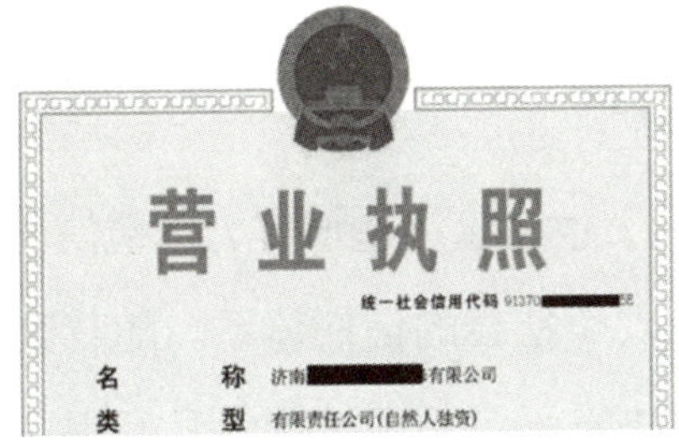

图 3–4　济南高新区基于区块链的政务系统开出的营业执照

不仅在山东省，根据赛迪区块链研究院的分析，2019 年上半年区块链政策总体趋势良好，已经有 13 个地方省市出台了相关政策，提出要促进区块链技术的发展，占领技术高地。

2. 信用机器

在区块链支持信息透明化的过程中，由于其具有不可篡改的特性，区块链共享账本上的数据可以作为各类信息活动的数据存证，极大地降低了核查信息差异等活动的成本。另外，也可以把不可篡改理解为提升信息可信性的有效手段，避免电子信息存在易篡改、虚拟性和脆弱性的问题。2018 年 6 月，杭州互联网法院对侵害作品信息网络传播权的案件进行宣判，首次承认了区块链技术存证的电子数据的法律效力，为区块链电子存证的审查提供了法律依据，体现了电子数据作为法律判据的发展趋势。相较于借助于中间机构的信息认证，基于区块链的证据举证则更加高效。

《经济学人》也将区块链形容为创造信任的机器，它可以重构未来人类社会的信任体系。随着区块链技术的发展，以及区块链平台不断扩展，我们相信，相对于现有社会的信任体系，区块链技术将成为具有更低成本的信用保证机制。

3. 新的模式

那么，区块链究竟如何发挥其信用机器的作用，重构社会信任体系呢？回到区块链技术本身，大家可能会注意到一个细节，在信息被传递到共享账本上的时候，参与方在进行背书时是否需要确认信息是否正确，又是如何确认信息是否符合自己的要求呢？除去 IT 和加密技术涉及的各种概念，需要明确一个问题：数据被记录到区块链的账本之前，需要经过链码（Chain code）的验证。通俗点说，**就是要经过一个预先设定的条件进行校验，满足这个条件才能上传到共享账本。**

链码是商用区块链技术 Hyperledger Fabric 中的一个重要概念，它是操作账本数据的唯一通路。大家可能听说过它的另外一个名字——智能合约（Smart Contract），它是将区块链技术扩展到商业领域的重要接口。链码将静态的分布式存储的数据与业务系统进行对接，为提高业务运行效率，甚至变革业务运行模式，提供了新的技术手段。

链码的作用就类似于 IT 程序中的“If Then”语句，它能够基于区块链上存储的数据，触发业务系统执行相应的业务操作，自动执行在程序中写入的业务逻辑，不需要再进行业务确认。由于类似于业务中合同的执行过程，因此也将这段逻辑代码称为“智能合约”。

区块链上的可信数据和智能合约将为未来创造出新的业务模式提供技术支持。原本需要各种信任保证机制的传统业务流程，可以根据区块链上的可信数据进行快速执行，多方确认和反馈沟通环境将被缩短。传统的需要第三方中介的“中心化”业务流程，可以转变为“去中心化”的方式，业务流程将变得更为简化和简单。这也是发挥区块链技术特性的重点方向。

实际应用区块链技术

1. 循序渐进

我们已经分析了区块链在透明化和改变业务流程上存在的特性，接下来的重点就是如何找到合适的实际案例，充分发挥区块链技术的特点，在这个寻找的过程中，我们务必要遵循从小到大的原则，从应用范围、推进难度等多个方面对业务场景进行分析。

某国际物流企业在尝试使用区块链技术解决实际问题时，就是从小的案例出发逐步发展为基于区块链的国际物流管理平台。在应用技术的初期，引入区块链场景的参与方只有承运商、收货方以及发货方，相对于物流场景涉及的多个参与方，这只是最基本的参与角色。然而，这个案例却验证了整个区块链链路的特点及可预测收益，如图3-5所示。

随着物流企业对技术和场景收益的熟悉，更多的参与方也被邀请参与到整个业务链条，其中就包括海关、港口管理部门、金融企业等更多的利益相关方。场景收益与业务数据在区块链平台上得到不断的积累。

此时，作为管理物流区块链平台的核心企业，该国际物流企业筹备成立独立的区块链公司，专门用于推进平台的技术研发与应用拓展，形成新的企业盈利模式。

图 3–5　国际物流复杂的业务流程非常适用于利用区块链技术

因此，在案例分析与筛选的过程中，初期的参与方规模并不重要，重要的是要明确所选案例是否具备扩展的前景，以及在扩展过程中会给参与方产生何种收益，研究如何才能不断地扩展区块链商业网络。

2. 从小开始

在选取第一个区块链项目时，我们鼓励大家先基于区块链的特性进行头脑风暴，寻找尽量多的潜在业务案例，再结合实施第一个区块链项目的应用目标，对所有案例进行评分，筛选出最符合业务目标的案例，先迈出一小步。我们将会在后续的章节中介绍具体的筛选步骤，为大家的实际操作过程提供参考依据。在此需要明确的是，实践者最终选取的案例不一定是收益最大的案例，而是综合比较下可实施性最强、可参与性最高的案例。这样就能从小范围的实践开始，为各个参与方提供可实施的参考案例，为后续更大范围的扩展提供基础。

第一个区块链实施项目也许只是一个学习过程。项目人员可以在不断与业务方进行沟通的过程中理解区块链，在多方的信息沟通过程中发掘新的业务问题，在平台搭建的过程中理解技术的瓶颈等，这些都将成为实施正式项目的操作经验。

3. 精准落地

完成了第一个区块链论证项目后，需要决定是否进行正式平台的搭建，为真实的业务场景提供服务。

在确认落地场景前，需要对项目论证过程中的问题进行归零分析，找出需要提升的关键，重点关注业务问题是否一定需要区块链技术进行支持，是否有其他替代方案，与区块链的解决方案相比，在创造信用基础、搭建底层架构等方面，是否会更优于传统解决方案，成本是否更低等，这些都是筛选最佳实践的准则。

在项目搭建的过程中，选择具体的实施框架需要根据实际的业务需求决定。确认在实施过程中各个业务相关方的定位以及集成方式，决定是自行搭建区块链平台，还是利用其他商业云服务。

完成平台搭建后，项目的主导方需要将平台新的业务逻辑介绍给所有潜在的参与者，将设计好的业务优势推荐给参与方，站在不同参与方的角度分析收益，形成多方利益均衡的状态。

4. 提炼核心

区块链案例的初步应用和持续扩展并不是单一地引入参与方，在实际项目的推动过程中，我们需要思考应用案例存在的共性，从业务逻辑中抽取出低耦合的功能模块，从而挖掘出向其他应用场景进行扩展的潜力。

区块链的应用场景与其他软件系统在进行定制开发的过程一样，需要按照用户的需求进行定制化开发，但是其中必然存在某些功能性模块，例如，付款单据的管理、资产状态的管理、存证文档的管理等。为满足更多的业务场景服务，这些场景可以作为智能合约定制的底层模块。这有利于形成通用的区块链服务模块，为更多行业的业务流程提供技术支持。

站在生态系统的高点

1. 不可篡改的价值互联网

自从 1969 年美国的 ARPA 阿帕网诞生之日起，互联网拉开了人类信息时代的大幕。互联网技术能够更加快速和高效地完成信息传输，并催生了 Google、Facebook、BAT 等集中于信息传播生意的互联网企业。人们通常把这个时代称为信息互联网时代。

所谓价值互联网，是指人们能够在互联网上，像传递数据信息一样高效、快捷、低成本地传递价值。传统业务流程的维护需要依靠可信任的中心机构，依据规范的业务流程保证各项业务按序执行，尤其是资金信息的传递，必须依靠第三方管理机构作为中介，才能实现价值信息的传递。区块链利用加密算法保证信息记录与业务执行的一致性，让价值的传递能够在虚拟的网络上进行，摆脱了传统的依靠制度保证信任的形式。可以说，区块链技术让人类社会第一次用数学的方式解决了传统信任问题。

基于区块链具有不可篡改的特性，当我们有了一个区块链平台和一个正在运行的业务系统，区块链账本上的数据就开始不断积累。这些数据将变为新时代的“石油原料”，作为驱动其他业务场景的有效依据。它将让不同领域的平台能够互相借鉴更加真实的数据，让数据的沟通更加高效，更容易反馈数据本身的价值。我们可以将集中存储的数据转变为分布式存储，未来基于个体数据所做的信息分析都需要向信息源头付费。正如互联网技术改变传统商业模式一样，区块链技术也将创立属于自己的市场行业模式。

2. 跨链合作的多维度信息

未来的商业网络将随着区块链技术的普及变为集中在多个商业联盟的区块链基础服务。每个平台不仅能在联盟内部进行共享，还能通过跨链技术向其他平台提供数据服务，将原始的业务数据变为更具价值的信用数据，服务于金融、商业分析、身份认证等多个领域，让数据的价值在多个维度上成倍增长。

区块链的这种扩展特性，势必需要一种生态网络去支持。因此与一般的快速发展模式不同，支持区块链的发展需要应用更加长远的塑造型战略，在新的市场环境下通过协同合作的方式培养出新的市场规则。

确认应用方向

在明确区块链在实际应用中存在的特性之后，我们需要结合自身关注的业务流程，分析在实际工作中是否存在可以利用区块链特性的案例，找到开展技术实践的大方向，为后续设计（Design）阶段的案例挖掘和实施打下基础。在分析应用方向上，我们依然强调面向企业领域的案例讨论。同时，在思考区块链应用案例时，除了需要理解 TECH 特性外，我们还需要考虑 3 个基本的筛选原则，如图 3-6 所示，此原则将作为实践人员思考案例的充分条件。不满足这 3 个基本标准的案例，在现阶段并不适用于应用区块链技术。

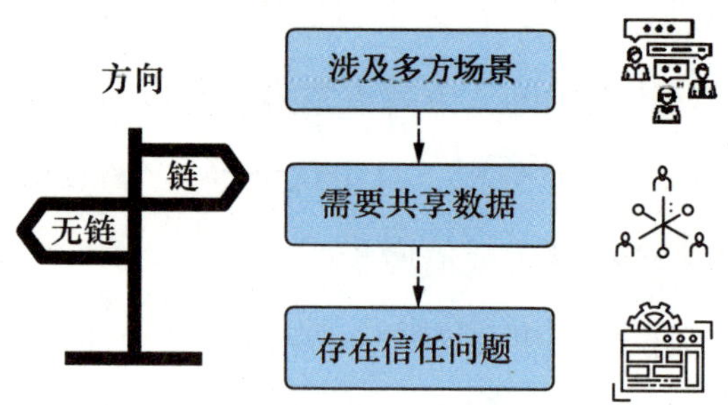

图 3-6 区块链应用方向的基本筛选标准

1. 涉及多方场景

区块链的核心特点之一是“去中心化”的分布式存

储。从一定程度上说，分布存储的节点越多，账本存储的共享数据越难被篡改，账本数据的可信度也越高。如果只是对两方的业务数据进行管理，完全可以在双方系统上建立点对点的信息集成方式，由此带来的收益与区块链方式基本相同，在技术上也更加稳定。因此，在思考区块链的应用方向时，一定要首选考虑多方的业务交易过程。

2. 需要共享数据

在涉及多方的场景中，需要进一步分析在业务操作过程中是否存在共享数据。这些共享数据将成为账本的信息基础，以及业务收益分析的基础。在多方的业务流程中，存在的共享数据越多，采用区块链进行信息记录的可行性也越高。

3. 存在信任基础

存在信任基础是区块链案例的一个重要指标，建立“中心化”的数据库无法提升业务数据的可信性时，采用区块链记录的业务数据将成为业务流程的重要存证。此处，我们可以思考在实际业务中是否存在一些特定的场景，例如，流程需要一个中介机构进行信息管理，信息需要告知中间方后才能传递给后续环节等。

案例分析：讲好 TECH+D 的故事

我们在介绍 TECH+D 应用特性的过程中，曾经收到很多参与者提出的问题。在这个过程中，我们也发现了 3 个经常被大家问到的"灵魂"问题，简称为"区块链应用的灵魂三问"。在此，我们将结合不同提问者的身份，通过这些问题，介绍讲好应用特性故事的方式。

区块链上的数据都是可信的吗？如果区块链采集的数据就是假的呢？

在很多区块链溯源案例中，为保证上链源头数据的正确，业务方通常会采用多种防伪手段，例如，在冷链追溯的过程中，增加温度监控采集器；在食品溯源案例中，在产品上张贴防伪二维码；在某些肉类食品追溯的过程中，为牲畜佩戴追踪环、采用生物识别技术，保证从每个牲畜上采集的信息是真实可靠的。但是，即使采用了很多技术手段，就一定能保证上链数据是可靠的吗？

首先，这个问题混淆了两个观点：防篡改和防伪造。区块链通过分布式的数据记录，能够通过增加篡改数据的难度，保证每个参与方无法修改链上数据。而在数据上链的过程中，区块链无法解决数据伪造问题，数据的真实性需要通过其他手段进行监督，如果错误的数据被传递到区块链上，区块链是无法判断的。所以，即便采用了 IoT、二维码防伪等技术手段，也只能降低虚假数据产生的概率而已。

其次，不能防伪并不意味着区块链无法解决溯源问题。我们需要重点结合区块链应用特性中的 E（透明）和 H（远景）来解释它的作用。

第一，多环节的信息透明化可以降低信息被篡改的风险。在涉及多方实物追溯的过程中，每个参与方都将其负责的业务信息上传至共享平台，整个链路的造假成本也随之上升。其中，每个环节的信息将匹配到一起，第三方可以快速查询到需要掌握的信息，并且保证信息无法进行事后调整。

第二，长期的商业网络关系将降低信息造假的相对收益。某些企业信息造假的最终目的无非是快速获取利润，可这种手段会对企业的商业信誉产生极大的负面影响，尤其是在有第三方参与的区块链网络上。例如，当监管机构加入区块链网络后，所有的溯源信息随时可以被快速审计和校验。一旦实物发生质量问题，监管机构将会快速地检查信息的一致性，如果发现存在信息伪造的行为，可以依据区块链记录的信息进行快速举证。不

仅如此，金融机构还可以根据区块链上的信息获取企业信誉，一旦企业发生造假行为，将对企业评级产生影响。因此，随着区块链联盟的不断扩展，造假的成本和收益都将受到影响，这将进一步降低企业造假的意愿，将注意力转移到提升产品品质上。

区块链系统与传统系统有什么不一样的地方？

回答这个问题要重点结合 E（流程）与 D（方向）两个区块链应用特性。

第一，从简化流程的角度来说，由于区块链平台上保存的数据都是不可篡改的数据，所以在各种需要存证、审计等场景中，可以充分发挥区块链分布式特性，减少传统的实物证明，简化某些为了保证信息可信而设定的传统串行流程。

第二，从应用方向的角度来说，我们要重点考虑业务的使用场景是否具备发挥区块链性能的方向，而不是一味地强调信息共享。其实站在业务的角度上看企业端的 IT 系统，企业并不关心使用的系统应用是什么底层技术。也许业务人员查看的 UI 是建立在"中心化"数据库上的，也可能是建立在区块链账本上，有什么区别呢？看起来或操作起来都是一样的呀。业务人员才不关心你底层用的是“海豚”“青蛙”还是“无纺布”。所以现阶段，我们仍然要以传统业务系统为主。如果一个业务已经有了成熟的业务系统，就不建议用区块链去替代现有系统。我们要尽量找现阶段信息系统建立并不完善的跨企业业务场景。

例如，在实物证明的存证方面，企业可以用区块链存储合作方的商业合同，那么就不需要保存纸质合同，不仅免去很多档案整理工作，而且还节约了不少 A4 纸；在简化流程方面，传统的业务环境需要设定很多中间方或第三方，保证业务流程的安全性，而区块链可以保证信息的安全性，由此将一个串行的流程变成高效的并行流程。而是否能够找到合适的合同管理场景，就需要实践者根据 D（方向）中介绍的方法，筛选出具备应用潜力的案例。

为什么区块链在业务领域还是没有“杀手级”应用？

从区块链技术诞生至今，可以说在商业领域大面积使用区块链的案例并不多。要解释这个问题，实践者需要重点结合 C（合作）特性分析区块链落地缓慢的原因。

首先，各个业务的特殊性和传统的商业思维惯性给区块链的落地带来了很大的阻碍。区块链技术与其他 IT

技术一样，**应用扩展的关键在于如何与业务结合。**而区块链作为一种分布式技术，其落地效果更需要转变业务传统的思维模式，重新优化在商业信用上建立起来的业务关系，转而搭建依靠计算机保证商业信誉的新型共享网络。这就需要技术与业务人员在不断的沟通交流中共同成长，探索适当的区块链应用场景。

其次，**我们可以基于应用场景不断地扩展区块链网络。**区块链要发挥它的作用，需要业务的参与、数据的累计以及跨维的交换。只有突破了量变的瓶颈点，才可以期盼它的爆发。但是这个点不是大家等一等或看一看，到时候再进入就行。要想获得最大的收益，必须从开始就不断累计合作方和业务数据，这样才能在机遇到来时，抓住机遇，收获真正的果实。

Tips：在进行区块链应用场景的探索过程中，我们需要注意选取合适的参与者。因为区块链相对于传统技术，其应用特性和概念相对模糊，所以大家在选取业务参与者时要尽量选取创新能力相对较强的伙伴，充分调动实践者的积极性，寻找区块链与其日常业务的合作点。

第四章

设计（Design）：从 1 到 N 步步为营

基础理念：精准落地

在理解区块链应用的特性后，我们将进入第一个实践阶段：概念论证。这个阶段将重点深入理解区块链的特性，快速挖掘并筛选潜在的应用场景，在短期内完成第一个区块链试点项目，实现从 1 到 N 的区块链实践，设计（Design）的主体关系如图 4-1 所示。

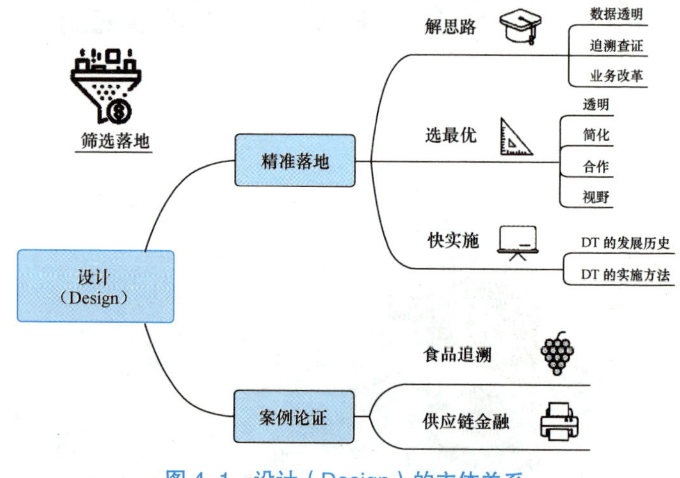

图 4-1　设计（Design）的主体关系

本章将承接探索（Discover）阶段中区块链案例筛选的总体方向，进一步介绍案例筛选的初级标准，明确针对区块链特性的收益评估指标，提出区块链概念论证案例的总体应用流程，借助设计思维（Design Thinking）的思考方式，辅助我们确立第一个区块链论证项目。

解思路：筛选 N 个场景

在探索（Discover）阶段，我们详细介绍了区块链的 TECH 特性，初步指明了选取区块链应用的方向，介绍了思考潜在应用案例的 3 个基本标准。在设计（Design）阶段，我们将结合 3 个基本标准，继续深入讨论筛选区块链案例的详细标准，并将区块链案例筛选的标准归纳为流程图，如图 4-2 所示，作为业务部门进行场景讨论的初级筛选标准。

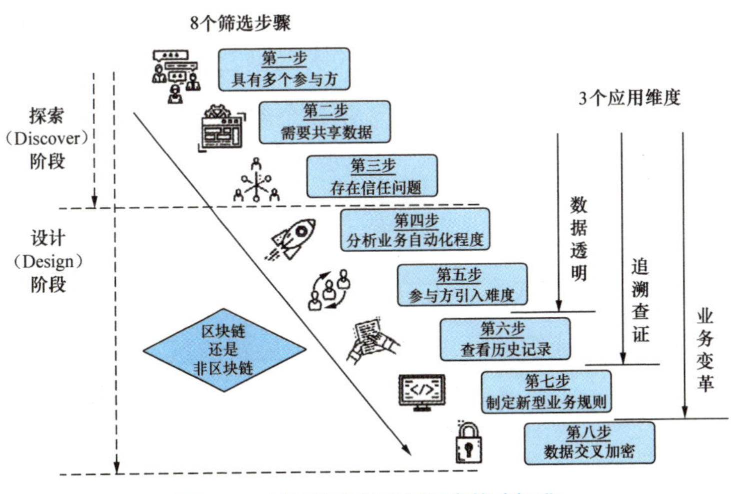

图 4-2　区块链应用案例初步筛选标准

图 4-2 从上到下列出选取区块链解决方案的

指标，在分析案例时可以逐步确认是否满足所列条件，此处我们将继续把探索（Discover）阶段的选取方向作为起点，重新分析和讨论每个案例的详细细节。当案例满足相应的条件时，便可作为试点区块链相应作用的典型案例，例如满足前五点条件，即可考虑将其作为验证数据透明化的典型案例。此处的案例选取流程图只作为筛选案例的第一层标准，也是现阶段选取区块链场景的充分条件。如果选取的案例不满足所列条件，在后续的推进过程中将会遇到很大的阻力。

第一步，具有多个参与方。具有多个参与方是应用区块链的首要条件，也是为区块链创立分布式账本的基础。如第三章所述，至少需要3个参与方共同参与到联盟建设。

第二步，需要共享数据。每个参与方都有共享数据的需求，通过共享各方在业务流程上产生的信息数据，能够快速地让数据需求者获得业务最新的状态信息。

第三步，存在信任问题。制造信任是区块链技术的关键指标，在多方的数据共享过程中，需要分析上链数据是否具有被篡改的可能性。信任度要求越高的数据，利用区块链进行记录的必要性也越高。

Tips：在实际的分析过程中，数据的可信性不仅要考虑各个参与方的数据可信性要求，还需要考虑数据上链后对外部参与者是否具有价值，例如向银行、金融机构、政府等强信任机构共享信息。我们将会在联盟构建部分详细介绍这部分内容。

第四步，分析业务自动化程度。避免选取已经具备自动化模式的业务流程，验证区块链特性的案例不应该选取成熟度很高、长期自动化运行的业务流程。选取这类业务进行应用验证，很可能会影响现有的成熟业务流程，对还处于验证期的区块链技术产生不利的影响。因此，最好是为现有业务流程进行增值服务，而不是调整已经比较成熟或完善的业务流程。

第五步，参与方引入难度。场景参与方的积极性是验证能否进行的必要条件。区块链的应用在现阶段还属于起步阶段，各个参与方对于区块链的理解和观点也不尽相同。此时，如果过度期望某些机构或角色加入到验证案例，可能会导致项目进展被第三方的参与程度所影响。

第六步，查看历史记录。这可作为发挥区块链不可篡改特性的重要指标。很多区块链可追溯应用都充分利用了链上数据作为信任存证的特点。如果应用场景中具有强烈的数据溯源需求，那么就可以降低数据查证的难度，提高数据确认的效率，应用区块链进行业务流程各个环节的数据存储。

第七步，制定新型业务规则。寻找基于共享数据的自动处理环节或流程简化环节，基于对区块链的特性，需要寻找改变传统业务流程的方法和路径。可信任和可追溯的数据能够作为业务处理的凭证，由此可基于链上数据寻找可以自动执行的业务流程，以降低人工的参与度，提高业务处理效率。实践者可以从环节优化、效率提升、信任加持等方面，对比现有路径和新型路径下的场景特点。这也是充分发挥区块链特性的最优案例。

第八步，数据交叉加密。这决定了区块链的构建方式，此处的数据加密判断指标并不是决定是否应用区块链的决定性指标，而是确认哪些数据可以上链的判断标准。如果在应用案例中存在大量的加密数据，应该优先考虑建立联盟链，而不是将加密数据上传到公有链。如果在联盟链中仍然有某些参与方不能获取的机密数据，就需要尽量避免上传此类加密数据，或者在数据加密后再进行上传。

图4-2不仅描述了初步筛选区块链验证案例的标准，

还可以从另外一个角度分析出案例的应用维度，进一步辅助实践者筛选应用案例。

1. 数据透明

如果筛选案例达到第五个标准的要求，即可将其作为验证区块链辅助多方数据透明作用的场景。验证的重点将集中在多方业务流程中需要进行透明化共享的数据信息，引导各参与方将传统的点对点的顺序传递方式转变为基于共享账本的快速共享。由此提升多方信息的交互效率，降低多方交互数据出现问题后的核对和查证难度等。

数据透明是区块链应用验证的第一个层级，主要收益将集中在学习区块链运行机制，搭建“去中心化”的共享账本，辅助参与方更快地获得业务数据。

2. 追溯查证

如果筛选案例达到第六个标准的要求，即可作为验证业务环节可追溯性的标准场景。追溯查证的作用需要理解为两个方面，信息追溯与信息存证。

信息追溯的重点集中在数据溯源的流程简化，强化业务流程各个环节的信息采集和信息共享模式，降低传统信息追溯可能出现数据丢失或伪造风险。例如，在食品与物流管理领域，加强整个业务链路的信息存证能力，提升整个业务信息链路的可信性，后续可以吸引更多具有相同业务模式的参与方共同参与数据共享。

信息存证的重点在于对关键信息的存储，服务于各类需要校验信息真伪，完成基于信息的业务流程执行场景，保证业务流程能够按照真实可信的数据顺利运行。例如，实现对关键信息的存证与共享，包括政府地产信息、公民身份信息等强信任数据的存储。

追溯查证是区块链验证的第二个层级，主要收益除了学习和数据共享外，还有助于建立标准化的数据采集模式，提高共享信息的可信性，具备更强的横向扩展能力。

3. 业务变革

业务变革是区块链应用验证的优化效果。在区块链的验证环节，并不一定要达到这个层级。业务变革的要求是改变传统的业务模式，在围绕区块链建立的共享账本上，转变串行的业务处理模式。因此会对传统的正在运转的业务模式产生比较大的冲击。如果进行实际应用，可能在收益与投入比上存在较大的差距。尤其是在区块链的初步应用阶段，较难分析出未来开展实际应用的成本。这也呼应第四个筛选标准，不要强制改变已经非常成熟的自动化处理流程。

但是对传统业务流程的改进仍然是区块链应用的最大收益指标。如果选取的实际案例具备实施条件，我们仍然建议在实际验证过程中尝试选取此类案例进行实践。

选最优：明确收益要点

在初步筛选区块链应用场景后，我们将结合区块链的 TECH 特性，把区块链收益进行量化处理。在实际的案例分析中，可以根据项目应用的实际需求，将这些量化指标用于筛选区块链应用场景，确认出最适合进行区块链应用验证的业务场景。此处要注意，在设计（Design）阶段快速搭建的验证平台并不注重功能的全面性。实践者只要在多个收益指标中选取一个或几个要点，将其作为案例验证的预设目标。如果验证效果能够满足所设目标，实践者即可收获一个成功的验证案例，并将其作为后续搭建正式平台的复盘基础。

基于区块链 TECH 应用特性的量化收益指标主要包括以下 4 个部分。

1. 透明化

在透明化特性中，我们可以从以下 3 个方面出发去分析案例的收益。

（1）减少低成本劳动

利用区块链在多变业务中形成的分布式数据库，将业务人员需要传递的信息直接存储到多方的账本上，把业务人员需要核对和确认的信息变为账本上不可篡改的记录。让业务人员把更多的精力放在更有价值的工作上。

（2）减少业务摩擦

由于多方传递的业务数据变为透明化的信息，信息在传递的过程中不会再出现失真的情况，由此将避免大量的信息核对工作，多方将具有统一的业务数据核对依据。

（3）提高控制 / 审计能力

共享账本提供的不可篡改的业务数据将成为审计工作的核心依据。审计人员不需要进行多方信息核对，多方的业务数据都存在统一的账本上。

2. 简化流程

（1）完善业务流程

区块链的革命性最重要的体现点之一就是对传统业

务流程的变革。因此，在实际的案例分析中，我们需要重点关注区块链的强信任基础对于多边业务的革命性改变。这将成为判定区块链案例是否成熟的关键标准。相对于其他评价准则，所占的比重也更大。从一定程度上说，变革业务流程是判断区块链案例是否成立的核心标准。

（2）辅助金融业务

在区块链技术的驱动下，最先影响的就是金融行业。因此，在实际的案例分析中，涉及金融的案例也将占很大的比例。我们可以利用区块链的强信任属性，加速业务流程中的付款业务，为金融融资提供业务依据等。

3. 合作

（1）寻找关键合作伙伴

在区块链应用的选取过程中，我们需要注意案例针对的用户或参与方，分析应用实例潜在的可扩展方向，是否能够快速地向其他领域进行复用。这将对于后续向正式环境演变时，完成从 1 到 N 的迭代。

另外，在概念论证阶段，尽量选取易于推动的参与方共同推进项目，不要在概念论证期就引入政府、金融部门等强信任机构。这些机构往往在业务流程的更改上具有很高的敏感度，可能会影响到项目论证的进度。

（2）易于产生潜在项目

在整个业务流程中，我们可以优先选取流程中的关键环节，将其作为未来扩展区块链联盟的起点。当我们把核心的业务功能进行提炼和应用后，其他的业务环节将逐步变为丰富数据链条的必要条件，最终向业务端到端环节扩展。

4. 视野

基于共享账本的数据收益

实际业务中收集的数据也是案例分析的重点。在共享账本中的数据不断积累的过程中，不可篡改的数据也将成为其他业务领域可以使用的数据资源。因此，越是基础的业务数据，越值得进行分布式存储。例如，金融机构利用区块链账本数据查取各个行业内企业的交易运行情况。

在实践的过程中，尤其在概念论证的过程中，我们不需要将每个指标都作为评估应用案例的重点。实践者可以选取最关注的几个指标，作为确定验证案例和证明

区块链收益的指标，见表 4-1。在下一节，我们结合设计思维（Design Thinking）的方法论进一步介绍应用收益指标的方式。

表 4-1　区块链特性收益指标

收益指标	指标内容
透明化 Transparency	减少低成本劳动
	减少多方业务摩擦
	提高控制 / 审计 / 追溯能力
简化流程 Easy	加快付款业务流程
	形成更加完善的业务流程
合作 Corporation	易于寻找关键合作伙伴
	合作伙伴引来更多的客户或形成新的价值链，产生更多的潜在项目
视野 Horizon	从链接的共享账本中获取更多的收益

快实施：实施论证

当我们进入实施论证阶段，建议大家采用设计思维模式方法论对潜在案例进行快速挖掘和分析。依据设计思维的方法论，可以利用上述业务流程与分析指标作为头脑风暴的依据，完成概念论证场景的快速分析。

在设计思维的发展过程中，我们将应用斯坦福大学哈索·普拉特纳（Hasso-Plattner）设计学院提出的五阶段方法：同理心（Empathize）、定义（Define）、构思（Ideate）、原型（Prototype）、测试（Test），作为设计思维的经典方法，它将实际的业务需求作为出发点，形成以人为中心的问题沟通方法，引导参与者在头脑风暴会议中创建出需要的新颖想法，进而在原型与测试阶段继续以应用实践为目标，形成“快速开发、快速试错，快速接收反馈并调整，快速迭代”的竞争模式。设计思维形成的方法论，将极大提升实践者的系统思维能力和统筹架构能力。

这种模式极其适用于创新性的业务开拓，由此也非常符合区块链在改变传统业务模式上具有的创新性属性。对于区块链实践者挖掘现有业务流程中潜在的创新点具有很好的指导意义。

1. 设计思维的发展历史

1973年，罗伯特·麦金森（Robert McKim）在其编写的《视象思维》(*Experiences in Visual Thinking*)一书中，详细介绍了概念视觉化在设计过程中的重要性，强调将会议中人们的想法体现在实物上，给参与者以更加直观的感受。到了20世纪80到90年代，斯坦福大学教授，美国著名的设计师、设计教育家罗尔夫A.法斯特（Rolf A. Faste）把麦金森的理论带到了斯坦福大学。

1987年，哈佛设计院彼得·罗（Peter Rowe）编写了《设计思维》(*Design Thinking*）一书，描述了建筑师和城市规划者在做设计时使用的设计方法论，设计思维这个词也第一次正式在文献中出现。

直到1991年，大卫·凯利（David Kelley）创立了IDEO(后来也是他创立了D.School)，现今全球最大的设计咨询机构之一，正式将设计思维作为其核心思想，贯彻落实到了IDEO的工作当中，将设计思维的理念成功商业化。

透过设计思维（Design Thinking，简称"DT"）的

发展历程，从核心理念上看，设计思维并不是一个新的产物。它出现在第三次工业革命后，由于社会分工细化导致人们思维和工作具有一定的局限性，影响了人们全局思考的能力，大家习惯按照有章可循的方法和理论来指导工作。大规模批量生产是制造企业的主要模式。大量相同型号和样式的产品从流水线上生产出来，销售到人们手中。然而，伴随互联网和工业互联网时代，制造技术的门槛在逐渐降低，消费者的喜好也日趋多样化，大量服务于个性化需求的团队型企业和公司应运而生，小批量、创新性的产品不断受到大众的追捧。由此也产生了“快速开发、快速试错、快速接受反馈并调整，快速迭代”的竞争模式，对传统企业的思维模式和管理架构产生了极大的影响，也突出了设计思维对产品开发与公司发展的重要性。

2. 实施模式

作为一种思维方式，设计思维不是凭空而来的，而是从传统的设计方法论中演变出来的。一般最简单的产品设计思路主要有四步：需求调查（Need-finding）、头脑风暴（Brainstorming）、原型制作（Prototyping）、测试（Testing）。而设计思维强调设身处地去体验客户需求，所以它就多了一步，并重新定义了传统步骤：同理心（Empathize）、定义（Define）、构思（Ideate）、原型（Prototype）、测试反馈（Test feedback）。在步骤创新的基础上，加入视觉思维和社会化思考。因此从一定程度上看，**设计思维 = 传统设计思维方式 + 视觉化思考 + 社会化思考**。针对区块链的实践过程，我们需要将设计思维的步骤与 4D 模型，以及区块链特性进行融合，形成如图 4-3 所示的面向区块链应用验证的设计思维模式。

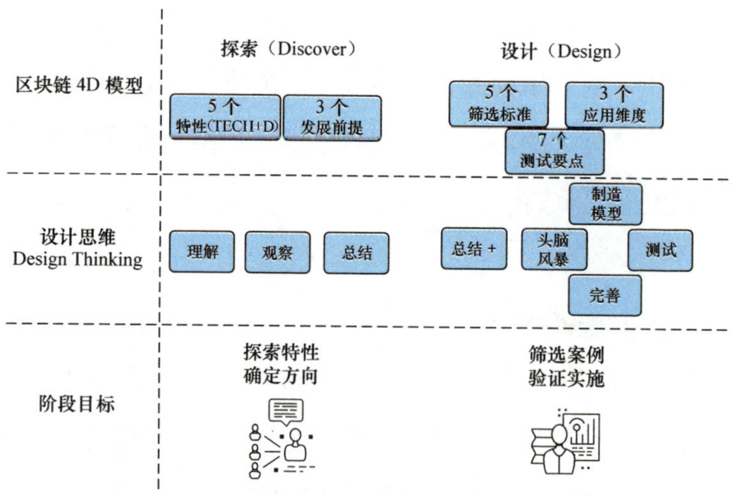

图 4-3　Discover 与 Design 阶段与 DT 方法的对应关系

在 4D 模型的第一个 D，探索（Discover）阶段，就会主要用到设计思维的两个模块，分别是同理心（Empathize）和定义（Define）。

同理心（Empathize）：通过观察收集的数据进行分析，利用设计师或分析师对用户行为和心理的敏锐洞察能力，深入理解用户的目标、深层动机、行为、想法、态度、价值观等。

（1）关键

设计师需要以用户的视角，运用感同身受的方式思考并挖掘用户的真正问题和需求。最重要的是，所有这些调研不能提前预设，不能盲目定义。而极致的同理心更会要求设计者不仅仅是能与用户共情，还要力求身心魂地体察用户的感受。**往往好的设计者都是同理心很强的人**。运用同理心进行的设计，更能精准地体察用户的真实需求和痛点，直达用户心底。

设计师可能是一个人，也可能是一个团队，团队的核心成员可能来自业务部门、产品开发团队，也可能是市场营销团队，总之，针对具体的项目，找对应的人组建团队。鼓励设计小组是多元化团队，这里我们想说，创新者往往是一个团队，而不仅是某一个人。

用户通常是指最终用户，可能是直接用户，也可能是用户的用户，甚至是潜在的用户。针对区块链技术的用户，特别是企业级用户，更要精准定位利益的相关方，根据利益相关方的工作职能明确用户角色。

（2）主要任务

在区块链用户的问题定义中，需要区分用户的身份，绘制用户画像，并针对用户做调研，甚至深度访谈。通过深度调研，了解用户所思所想，从而挖掘真实的用户需求。例如，区块链的数据透明化，对于一线用户端是否是其切身需要的，能否给用户带来好处和便利；是否长期对公司有利；对个人岗位来说，是否有被取代的困扰。在功能设计部分是否需要兼顾考虑一线用户的感受。同样的问题，针对区块链信息化推行者，是否更在乎功能的实现，流程的优化，效率的提升呢？这些细小的思虑都应该被设计者体察和捕捉，并在设计之初纳入精细化设计的思考部分，让产品化进程的节奏得以掌握。在这个阶段，**设计师需要熟悉区块链的TECH+D特性，尤其是D所代表的Direction属性，辨别区块链的应用方向，充分理解区块链的结构，将4D模型中的第一个探索（Discover）阶段融入对用户的访谈过程中。**

（3）实用工具：用户画像（persona）

（4）实用方法

1）用户画像基本元素

通常，用户画像的基本元素包含用户的姓名、照片、个人信息、经济状况、工作信息、计算机互联网背景。而用来丰富用户画像的元素有居住地、工作地点、公司、爱好、家庭生活、朋友圈、性格、个人语录等。但是对于企业级的用户来说，虽然不会如此具体到“人”的个性部分，但是用户最终还是要归结到具体的“人”的工作角色，这里的“人”是利益的相关方（stakeholder），可能是使用产品的决策者，也可能是直接使用产品的人，总之，只有具体到“人”，才是真正地“以人为本”做创新设计的初衷。

2）用户画像构建步骤

用户画像构建的步骤通常可以分为以下 3 步。

步骤一：数据采集。采用问卷调查、用户访谈法以及产品的后台数据获得一手资料，或者通过研究报告、文献资料获得第二手资料。这些基础数据是构成用户画像的核心依据。通常，问卷调查获得的数据多是对已经发生事件的反馈，而用户访谈通过开放性的问题，可以挖掘出用户潜在的需求，甚至是用户自己也不知道自己的痛点，访问者需要从访谈中捕捉到深层的洞察，当然这需要访问者拥有同理心，并始终问开放性问题，才能逐步深入推进。

步骤二：数据分析。获得数据之后，是对数据进行分析和加工，如果数据采集比较成功，想要对数据进行提炼可以从关键词下手提炼关键词汇、高频词汇并进行排序等方法找到聚焦点，也可以提取访问过程中最有感触的部分进行排序。

步骤三：画像呈现。数据分析后可以开始勾勒用户的基本特征了。基本特征可以分为显性特征和隐形特征。显性特征指用户非常可视化的特征描述，这比较容易捕捉。例如，用户的年龄、性别、职业、地域、兴趣爱好等特征。隐性特征指用户内在的深层次的特征描述。例如，用户使用产品的目的、用户偏好、用户需求、产品的使用场景、产品的使用频次等。根据这两类特征，可以呈现出用户的画像。

定义（Define）：这个部分也可以说是重新定义的过程。设计者运用在同理心阶段搜集到的所有信息，经过“架构”“删去”“挖深”“组合”后（可交互使用），对问题重新做更深入的定义，**最重要的是要在这个阶段找到最想解决的问题**。也许在这个阶段设计者发现需要解决的问题很多，需要根据当下的紧迫性、组织的意愿性、商业的战略性、实施的难易程度以及成本等，进行排序，选择最先要或最想要解决的问题。

对于区块链项目而言，定义阶段需要遵循这样的方法论。特别是初步实施的企业，要在这个阶段选择自己能够驾驭的并且是最想要解决的问题入手。

（1）关键

搜集整理信息后的分析是需要团队进行讨论的，特别是对定义的挖掘，避免伪需求，防止惯性思维，拒绝显而易见的选择。此刻，定义问题比盲目地去解决问题更重要。人们非常习惯去快速地解决问题，但是找对要解决的问题是第一要旨。因此，当“定义问题”后，设计者仍然要问自己三遍“这是我们真想要解决的问题吗？”从而确保在问题定义的过程中没有想当然。而团队的讨论，特别是汇聚意见讨论的过程，也恰恰是团队明确目标的关键过程。

（2）主要任务

在区块链的场景中，需要寻找用户实际业务需求中与区块链特性的契合点。在早前定义的"问题"基础上，进行问题最终的筛选，以确保问题聚焦。

（3）实用工具：同理心情地图（Empathize Map）

（4）实用方法

1）所需物料：白板纸、便利贴、双头笔、蓝丁胶。

2）工具模型：同理心地图模板如图4-4所示。中间圆圈是目标用户，根据用户的调查，体会用户的所见、所听、所说、所想。根据这些对用户进行同理心体察，将总结出来的用户痛点和用户需求罗列出来。

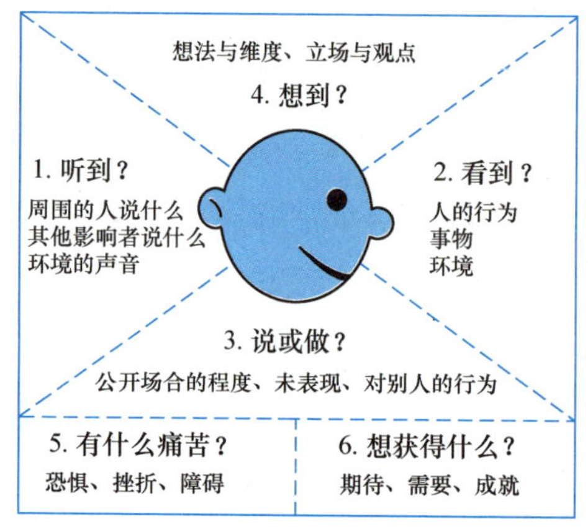

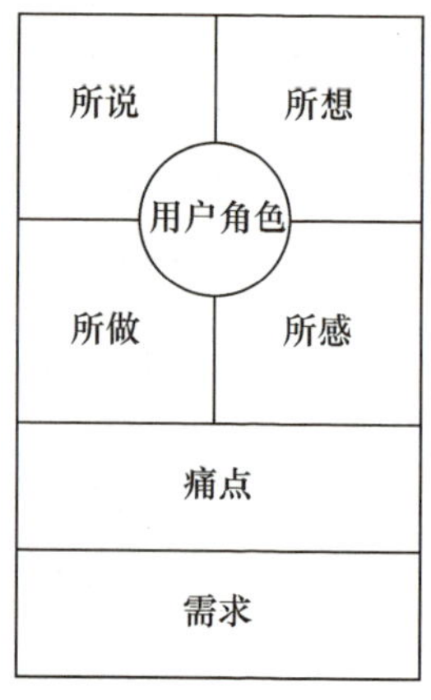

图4-4 同理心地图

3）实用步骤

步骤一：工具上墙。按照同理心地图模板，将同理心地图画在大白板纸上并将工具模板贴在墙上。

步骤二：数据整理。团队成员可以分组将调研的数据进行整理，明确调研对象的数据类别，特别是收集的用户画像数据。

步骤三：数据上墙。团队成员将整理好的信息分别写在便利贴上，贴在用户被“同理心”的相应位置，每个团队成员可以用不同颜色的便利贴分别表示自己调研的相应的内容。

步骤四：总结讨论。对收集的所有调研信息进行讨论和总结，以同理心的心态感受用户的真实需求。关键是要总结出用户的痛点，总结出用户的关键需求，并把总结写到便利贴上，贴到工具相应位置。

在区块链 4D 模型的第二个 D，设计（Design）阶段，主要涉及设计思维阶段的 3 个模块，构思（Ideate）、原型（Prototype）、测试和反馈（Test & Feedback）。

构思（Ideate）：通过头脑风暴，发散思维寻求多种方案来解决上一步骤中提出的问题（需求），需要尽可能多地贡献想法。在这个阶段要追求更多的点子，而不是最完美的点子，有了充分的数量为基础，才有机会在众多的点子里，选择所谓“好”的点子。然后再推出一个真正合适的具体的方法。

在区块链项目中运用头脑风暴、情景模拟等多种方式贡献新的想法，需要引入不同业务背景的人员参与。这里的不同业务指的不仅仅是场景本身的具体业务人员，也包括相关的利益方、开发方，甚至是上下游协同方。

（1）关键

构思过程的头脑风暴的原则是，点子没有好坏，暂缓批评不指责，没有阶级之分，鼓励团队每个成员都参与，都发言。鼓励在规定的时间内得到点子的数量而不是质量。

（2）主要任务

针对前面筛选出来的痛点、需求和问题，组织人员进行头脑风暴，寻找具体的业务场景。参加头脑风暴的人员要事先有所选择，除了区块链项目组的人员以外，要提前了解业务人员的具体情况，例如，他们负责的工作重点、工作类别。在具体实施头脑风暴之前，要确保参加人员对区块链技术有基本的了解，这有助于后续步骤顺利开展。总的来说，基本任务分为 3 个部分：人员选择、基础培训、场景筛选。

（3）实用工具：沉默头脑风暴法

实用方法之沉默头脑风暴法

1）所需物料：A4 纸、笔。

2）实用步骤

步骤一：根据人员数量进行分组，每组人数不超过 6 ～ 8 人，尽量保证参与人员的类型在工作职能上多元化，例如业务、开发、产品设计、项目管理、销售人员。

步骤二：每人一张 A4 纸，根据自己的业务场景和痛点，以及区块链的优势性能，给出解决业务痛点的想法。要求：关注问题和机会，沉默书写，不讨论，注重数量不介意质量。

步骤三：顺时针将每人的 A4 纸向右边传递，此时可以参考他人的想法，再进行头脑风暴，根据组内的人数，考虑传递的次数。

步骤四：组内人员可以随机抽取组里的 A4 纸，并从中选取最中意的 3 ～ 4 个点子，写在便利贴上。与组内人员进行下一步讨论。

当拥有了一大堆想法之后，需要对想法进行筛选，每个人根据自己的喜好选择最中意的点子之后，需要在组内进行最终的筛选，以便确定整个团队的共同意向。

实用工具之NUF法则

1）所需物料：大白板纸、便利贴、笔。

2）工具模型：表4-2是NUF法则模板，第一列罗列点子，New代表创新性，Useful代表实用性，Feasible代表可实施性，每一项打分以10分为满分，Total表示总分加和。

表4-2 NUF法则模板

点子	New	Useful	Feasible	Total

3）实用步骤

步骤一：罗列创意。在白板纸上画出NUF表格，小组成员将选出来写着创意的便利贴，分别贴在表格的第一列。

步骤二：打分统计。全组成员聚集在表格前面，一起讨论每个创意的分数。每项 10 分，要求打分迅速，不耽误时间，迅速得出结论，分数打完直接汇总每项分数在 Total 列。

步骤三：排序选优。总分汇总后，直接根据分数的大小进行排序，排在前四位的创意，可以作为优选创意。图 4-5 为 NUF 图表示例。

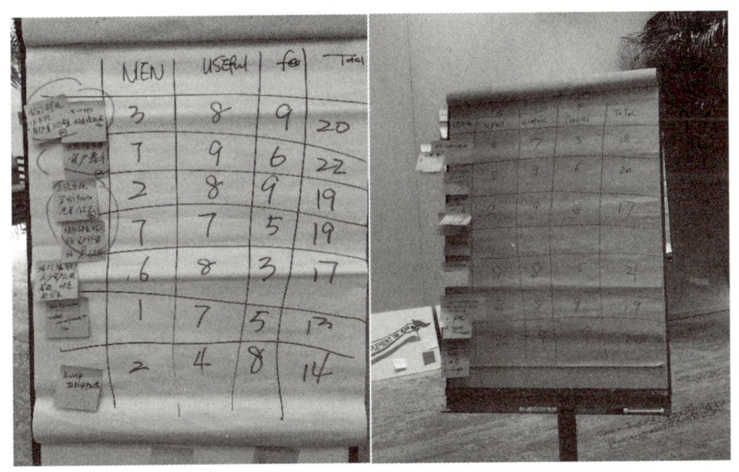

图 4-5　NUF 图表示例

Tips：不管是沉默头脑风暴法，还是 NUF 法则，实践者都需要将设计的案例筛选标准作为确认案例的关键步骤。在完成沉默头脑风暴法的 4 个步骤后，或者在利用NUF法则的过程中，小组可以将讨论后得到的案例按照筛选标准进行选择。

对于不满足区块链基本原则的案例，可以考虑不用区块链技术解决此类问题，例如，案例不满足基本的多方业务场景，或者不存在多方进行数据共享的需要。

对于满足不同层级步骤的案例，可以快速定位未来收益的方向。例如，具备自动化处理流程，可以尝试开发自动化业务处理场景；对于需要引入金融业务参与方的场景，可以预先考虑项目实施的潜在难度可能会很高。

NUF工具中的筛选指除了现有的NUF之外，还可以根据企业的自身需求进行自定义添加，例如，战略（S）、技术难度（T）等。

原型制作（Prototype）：将想法实物化，在不同阶段可以采取不同保真度的原型。早期可以做纸模或低保真功能原型给用户使用进行测试，中后期可以制作更为细节完整、更加丰富的高保真原型或手板。在区块链项目中，按照通常的项目管理进程，根据最终选定的场景，立项作一个概念验证（Proof of Concept，POC）即可。

（1）关键

原型制作的目的是快速实现，快速试错，快速迭代。因此，原型搭建是以实现最主要研制的功能为目的，不必力求完美。要遵循的原则如下所述。

原则一，速度为王。力求行动迅速，抢占市场先机。特别是对于创新产品，抢占先机更是排最高优先级。

原则二，恰到好处。既不能在追求完美的道路上孜孜不倦地浪费资源，又不能囫囵吞枣地不求质量，达不到原型验证的基本诉求。

原则三，多个原型。尽量在第一个原型搭建基本成形后，积极推进多个原型的搭建。

多个原型可以验证更多的点子和场景，多种方案更能激发新的想法获得更有价值的反馈。

（2）主要任务

根据场景的选择立项，实施一个POC。同时在立项的过程中，实践者要参考“选最优”中介绍的案例收益要点设立验证功能点，并在前期设立获取反馈的捕捉接口。为后续数据收集、数据验证做准备。根据项目进行进度监控，完全按照项目管理的程序推进。

测试和反馈（Test & Feedback）：我们让目标用户使用原型，目的是希望获得用户的反馈不断地修改和调整设计，甚至重新定义。

（1）关键

测试和反馈其实是始终贯穿流程的各个阶段的。在测试的过程中，要“倾听”用户的声音。这里获得的用户反馈，绝对不亚于用户访谈阶段的“认真”级别，同样也需要设计者用到同理心，**运用同理心的方式倾听，才能真正捕捉到用户的“痛点”，为真正的产品迭代做输入。**

（2）主要任务

任务一：定期跟踪。根据项目的进度，进行每周的进程跟踪和讨论，随时监控项目的进程，除了确保项目按照计划进行以外，随时汇报项目中发现的问题。

任务二：倾听用户。并非一定要到原型项目制作完成后才倾听用户的声音，从项目进程中及时和用户沟通每个阶段的进程，就可以及时倾听用户的意见或感受。

任务三：随时反馈，随时迭代。依据用户的反馈，根据情况可以判定是否需要进行快速迭代和更新，特别是对于要验证的关键测试点，要及早进行修正，避免走弯路。

1）实用工具：原型测试反馈表。

2）所需物料：便利贴、大白板纸等。

3）工具模型：原型测试反馈表。

原型测试反馈如图 4-6 所示，分为 4 个象限，设计者可以从 4 个方面收集用户的意见，它们分别是从用户的角度认为最赞赏的、需改善的、不明确的、新想到的反馈意见。这个工具帮助设计者在收集用户意见时有参考方向，同时顾及用户各方面真实的感受，让收集的意见更全面，不会因为收集者的因素而忽视用户某一方面的意见，导致信息失去平衡。

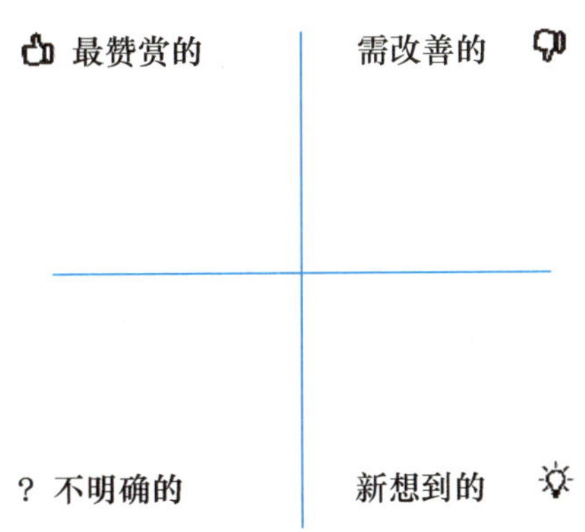

图 4-6　原型测试反馈

4）实用方法

步骤一：记录访谈信息。在实际的项目实施中，会议是最常见的沟通方式之一。在与用户沟通或访谈的过程中，尽量全面地收集用户的 4 个方面的感受，记录的方式可以多样，如简单的文字记录、语音记录等，找到用户认为能够接受的方式，以收集到全面的信息为宜。

步骤二：访谈信息整理。会议或访谈后需要对收集的信息进行整理，主要是将收集到的 4 个象限的文字内容，用简洁的字句写在便利贴上，并将便利贴分别贴到工具纸相应的象限。

步骤三：分享信息。组员之间分别分享收集的信息，并描述用户的真实感受和反馈，要求每个组员都要分享。

步骤四：详细讨论。对组员的分享进行讨论，大家有什么感受，想法和意见，总结可以改善的地方，讨论下一步可实施的计划。将有价值的计划更新到原有的项目计划中。此时，实践者需要重点关注验证案例是否实现了 POC 设定的收益要点。这将作为未来是否进行案例实施的重要判断依据。

设计思维的方法论作为创新项目实施的思维模式，在整个过程中是循环往复的，每个环节都可以重新开启一个循环，不断地完成创新、原型、测试、迭代、完善的过程，不断地激发设计者的创新思路，鼓励设计者不断创新，不断发掘新的项目机会，创造新的价值。

案例分析：区块链食品溯源项目中的设计思维

在案例分析的过程中，我们将结合区块链领域的真实案例，按照 DT 快速实施的思路为大家讲解区块链概念论证案例的分析过程。区块链实践者可以参考此分析过程发掘自身业务中潜在的应用案例。

1. 食品溯源平台

食品安全问题曾经一度成为社会上的热点问题，国家对于食品安全问题的关注度正在不断升级。通过国家的有效管控，很多食品安全问题已经得到了有效解决。食品安全问题不仅发生在中国，在欧美等发达国家也时有发生。据美国有关方面的统计，2010 年美国发生的大大小小的食品安全事件达 350 宗之多，比 20 世纪 90 年代初增加了 100 多宗。2009 年 1 月，美国花生公司布莱克利工厂生产的花生酱被沙门氏菌污染，导致 9 人死亡，引发震惊全美的“花生酱事件”。事件发生后，公众对美国食品安全监管制度以及 FDA 保障食品安全的能力提出严重质疑。时任美国总统奥巴马事后评论说，美国的食品安全体系不但过时，而且严重危害公共健康，

必须彻底进行改革。

处理食品安全问题的难点之一就是实现食品加工链路的信息收集与追溯。食品从原材料到顾客的餐桌，需要经过一个很长的链路，一般需要经过种植者、加工商、批发商、分销商、制造商、零售商等多个业务环节。其中任何一个环节出现问题，都会影响食品质量。因此，按照 DT 中对用户画像的刻画，对利益相关方进行梳理，实现食物生产环节的追溯，将对于解决食品安全问题具有非常积极的意义。

2. 同理心 + 定义问题（农户与零售商的角度）

在分析用户的过程中，我们需要首先明确区块链应用的方向：如前文所述，食品领域将会涉及从种植者、养殖者到销售方的整个链条，每个环节又有多个角色参与其中；在每个环节进行交接的过程中，交接方需要记录订单的交易信息，完成业务的处理，不同环节的参与者都需要及时获得货品的状态信息；食品加工和运输的过程都存在潜在的质量风险，存在参与方篡改业务数据的风险。

基于上述应用方向，设计师在进行深入的业务调研和访谈时，可以与食品领域的参与方进行深入的讨论，分析食品行业参与方的数据与需求。例如，在与提供原材料的农户与大型零售商的用户画像过程中，实践者可以分别从表 4-3 所述的多个方面深入挖掘客户需求。

表 4-3　食品追溯用户访谈示例

角色	关注的问题	详细信息	掌握的数据	详细信息
农户	订单回款状态	农户与经销商签订的付款合约，需要按照收货时间评估产品付款时间	生产状态	作物生长或产品生产的过程信息，作为产品销售凭证，例如使用农药的类型、使用化肥的类型
	物流运送状态	物流公司运送货品的时间、运送的方式、收费方式	生产时间	作物的收割时间或产品的生产周期
	产品销售情况	经销商或零售商对产品的销售状态，农户可以根据销售状态调整产品生产或采集时间	存储状态	产品的库存存储方式或存储时间
	合同贷款能力	经销商与农户签订的长期购货合同是否可以作为银行贷款的凭据	检疫检验	作物得到的检验检疫证明（检验检疫部门可以单独作为一个参与方，加入食品追溯链条）
零售商	物流运送状态	物流公司运送货品的时间、运送方式、收费方式	产品销售情况	食品在终端的销售情况
	产品质量信息	食品在生产过程中的质量数据	库存状态信息	食品在终端的库存备货状态
	合同付款周期	农户或分销商签订的付款周期	农户基本资料	各个农户产品的历史价格信息、产品销售信息

基于表4-3的数据，实践者可以看出在多个环节串联的食品供应链中，如果多方信息能够进行实时记录和共享，不仅能够帮助顾客了解食品的生产信息，而且有助于提升各个环节的业务处理效率。例如，如果农户能够及时得到当季产品的销售数据，就能及时调整下个季度的产品种植计划，防止出现供过于求的情况。

因此，经过对用户的业务访谈与需求分析，实践者将会发现并明确用户在现有业务场景下遇到的潜在问题。在下一节，我们将继续应用DT方法发掘区块链技术的应用点。

3. 积极构思：头脑风暴

经过了用户访谈与分析，实践者已经定位了现有业务存在的问题。现在我们将利用头脑风暴去分析区块链的潜在应用点。在实际执行的过程中，实践者可以结合区块链应用的筛选标准，对标分析每个业务问题的区块链解决方案。

在介绍区块链筛选标准时，我们对使用区块链的应用维度进行了划分，实践者可以对标区块链筛选标准，分析潜在解决方案所属的应用程度。其中，**区块链应用的第一个维度关注数据透明，第二个维度主要关注基于**

区块链数据的追溯查证，第三个维度将实现对现有业务流程的重构。在表 4-4 中，我们分别选取了几个典型的案例进行分析。实践者可以根据区块链的应用维度分析其他潜在的场景。

表 4-4 食品追溯案例构思

角色	关注的问题	详细信息	区块链应用维度	区块链解决方案
农户	产品销售情况	经销商或零售商对产品的销售状态，农户可以根据销售状态调整产品生产或采集时间	数据透明	经销商将农产品的销售情况与农户进行实时共享，农户可以登录区块链平台查看数据。加快经销商与农户的信息沟通
	合同贷款能力	经销商与农户签订的长期购货合同可以作为银行贷款的凭据	业务优化	优化农户向银行融资的管理流程。通过农户与经销商的交易订单量，银行可以直接获取农户的经营信息，减少传统业务中的纸质信息审核流程
零售商	物流运送状态	物流公司运送货品的时间、运送方式、收费方式	数据透明	物流公司可以通过物联网设备实时采集运输车辆的位置信息，向农户和经销商传递货品的交接状态、存储信息等
	产品质量信息	食品在生产过程中的质量数据	追溯查证	食品从农户到达经销商货柜过程中的每个环节都将被记录在区块链账本，账本记录的质量数据将作为业务问题查证的历史依据

续表

角色	关注的问题	详细信息	区块链应用维度	区块链解决方案
零售商	合同付款周期	农户或分销商签订的付款周期	业务优化	食品供应链中的付款环节可以采用智能合约的方式进行管理，防止出现付款延迟的现象

当实践者找到了潜在的应用场景，我们将进一步分析各个案例的收益指标，完成应用案例的快速实施与验证。

4. 原型测试：从小开始（不断地做用户测试、反馈、迭代）

在原型测试阶段，实践者需要对案例的具体收益进行量化分析，一方面筛选出在验证阶段最为关注的收益指标，另一方面明确每个案例的收益点。我们将根据上节中筛选的案例进行逐个分析。

看完表 4-5 对每个潜在的区块链案例进行分析后，我们可以发现产品质量追溯对应了两个收益指标，分别是"透明化"与"合作"。在食品的质量追溯过程中，供应链的数据透明化不仅可以增强业务运行效率，而且在业务过程中积累的数据还可以作为未来处理质量问题的存证。从量化收益的角度，选取此案例进行验证将获得更多的收益。

Tips：在表 4-5 的分析过程中，我们重点罗列了每个案例的参与方。此处是要向各位实践者强调实践者参与程度与验证案例的影响。虽然从财务的角度利用区块链技术能够达到优化业务流程的目标，实现区块链应用的第三个维度，但是从案例验证的角度，直接开展与银行相关的案例实施，会对项目的推进带来较大的影响。因此，建议实践者在挑选案例时一定要留意参与方的引入难度。

表 4-5 原型测试的案例收益分析

角色	关注问题	应用维度	收益指标	指标解析	参与方
农户	产品销售情况	数据透明	透明化	提高控制能力	农户、分销商、经销商
	合同贷款能力	业务优化	简化流程，视野，合作	简化贷款申请程序，基于共享账本的额外金融收益，吸引更多的农户	农户、分销商、银行
零售商	物流运送状态	数据透明	透明化	减少低成本劳动	农户、经销商、物流公司
	产品质量信息	追溯查证	透明化，合作	提高控制 / 审计 / 追溯能力，吸引更多的客户参与质量数据查证	农户、经销商、物流公司
	合同付款周期	业务优化	简化流程，合作	简化和完善现有业务流程，利用经济因素吸引多个环节的参与者	农户、分销商、银行

经过对原型测试案例收益的分析，参考参与方的引入难度，实践者可以看到针对食品溯源场景，对产品销售情况、产品质量信息、物流运送状态等信息进行共享和查证具有潜在的收益点。在这些潜在案例中，实践者可以优先选取区块链应用维度相对更高的案例作为事件案例。例如，追溯产品质量数据的案例达到追溯查证的应用维度，相对于数据透明层次，能够更好地体现区块链的应用特性。当然，实践者在推进实践的过程中还需要结合自身业务情况选取合适的应用案例。在验证案例的实施过程中，实践者还要继续应用 DT 方案不断对实践过程中发现的问题进行总结和改进。

5. 商业平台

随着区块链技术在近几年的持续发展，社会上已经有了很多成熟的应用案例。例如，IBM 已经和某国际知名零售商合作，尝试使用区块链技术解决食品安全领域的质量溯源问题，并在 2018 年正式推出 Food Trust 区块链平台。

IBM 的 Food Trust 平台以保证食品安全、避免食品浪费、提高食品质量为目标，向处于食品供应链上的参与方提供服务。在这个平台上，实践者也可以看到部分我们在 DT 分析过程中分析的潜在案例。

通过对食品安全领域的案例分析，实践者对于 DT 模式的使用应该有了一定的认识。在本节中，我们将对供应链金融领域的区块链应用案例进行解析，同时本部分将只提供“解思路”部分的业务框架，实践者可以以 DT 方法为基础，自行完成供应链金融领域的案例分析。

6. 供应链金融

国际贸易的全球化趋势正在催生新的贸易融资模式，供应链金融作为一种有效的金融运作模式，正在受到全球制造业的关注。随着供应链金融的发展，其在保障企业资金流、提升供应链运行效率等方面起到了积极的作用。我国供应链金融市场也正在进入快速发展期。国家统计局调查显示，我国工业企业的应用账款净额已经从 2005 年的 3 万亿元，增长到 2016 年的 12.6 万亿元。根据普华永道的预测，供应链金融市场的规模还会继续保持平稳的增长。

然而，在供应链金融的推广过程中也存在很多实际问题。例如，不同企业间的 ERP 系统互不联通，企业间的信息处于孤岛状态，由此导致金融链条上的业务信息难以实现端到端的贯通。银行等金融机构很难依靠线上数据完成对企业的风险评估，需要进行大量的线下调研与材料审核。不仅如此，对于与核心企业进行合作的供应商，由于无法获得核心企业的信用背书，导致其从银行获取融资的过程异常艰难，尤其是一级供应商以下的二三级供应商。

联想区块链白皮书把现阶段供应链金融中遇到的业务问题归结为以下 3 个方面。

业务流程链条较长。银行与企业为降低潜在风险，需要签订各类三方协议，由此带来较多的线下文件处理工作，需要保存相应文件作为凭据，而且在尚未实现系统对接时，还需要向银行提供融资相关的交易数据。

信息传递具有一定的滞后性。现有融资网络中存储的部分信息需要人工维护。同时涉及的行业范围较广，如果某企业在其他银行或商业网络内出现信任问题，相关人员很难在第一时间获取信息。

较高的参与门槛限制了金融服务的范围。建立完善的金融服务模式需要满足相应的前提条件，准入企业需要具备较强的技术和经济实力，并且自身也要具有一定的信誉和资源。

针对存在于供应链金融多边业务场景的各类问题，我们将基于设计思维的各个阶段对案例验证的实施过程进行分析。

此处我们直接对标案例筛选标准分析供应链金融的验证案例，见表 4-6。

表 4-6 供应链金融案例分析

序号	筛选标准	对标内容
1	具有多个参与方	供应链金融业务具有银行、中小企业、核心企业等多级参与方
2	需要共享数据	多方共享订单信息、财务等信息，作为银行等金融机构进行信用评估的依据
3	存在信任问题	参与方可能对业务数据进行篡改，获得相应的信用评级
4	自动化处理流程	信息数据进行线上共享后，部分线下业务可以考虑转变为自动的系统处理
5	参与方引入难度	企业在选取应用案例时需要考虑自身的影响力，一般的企业很难在验证案例中就寻求金融机构参与
6	查看历史记录	银行等金融机构需要查看企业交易的历史数据
7	新的事物处理规则	在企业间共享数据的基础上，现有的信用评估流程将被改造，新的简化的业务流程将取代传统评估方式
8	数据交叉加密	计划参与到验证案例的企业间是否存在数据交叉加密的需求，某些敏感数据是否不能被其他参与方获取

我们可以围绕核心企业的 ERP 系统搭建区块链网络，将多级供应商的业务信息进行共享，并根据真实的业务背景，对每个级别的供应商进行业务拆分。在拆分的过程中，核心企业的交易背书也将逐级传递，银行可以根据区块链上存储的背书内容，对中小企业进行融资。与此同时，智能合约也可以加入整个业务的执行过程中，

确保贸易行为能够按照提前做好的约定执行，保证交易可以顺利完成，进一步提高交易方的信任程度和流程执行效率。最终，可以更好地满足相应市场的融资需求，解决中小微企业融资困难的问题，提高社会整个供应链的资金流转效率。

供应链金融对各类交易数据的共享，有效发挥了区块链追溯查证的场景优势。在多方的数据共享过程中，区块链的分布式共享账本可以用来记录多方的交易数据，可以作为银行等金融机构发放贷款、查证交易信息等业务操作的支撑凭证。由此将局限于点对点系统内的交易数据，释放到存在于多方的不可篡改的信息数据。在未来，这种不断积累的存证甚至可以改变传统的交易或贷款运行模式，达到优化业务场景的效果。

Tips：2018 年 10 月，由中国信息通信研究院、腾讯金融科技等三家企业主导，在另外 9 家单位的支持下，“可信区块链推进计划”发布了“区块链与供应链金融白皮书”。其中，对现有企业在供应链金融领域做出的调研和应用进行了介绍，可以说是区块链在供应链金融领域的先行尝试。

第五章
实施（Deploy）：从1到M获取收益

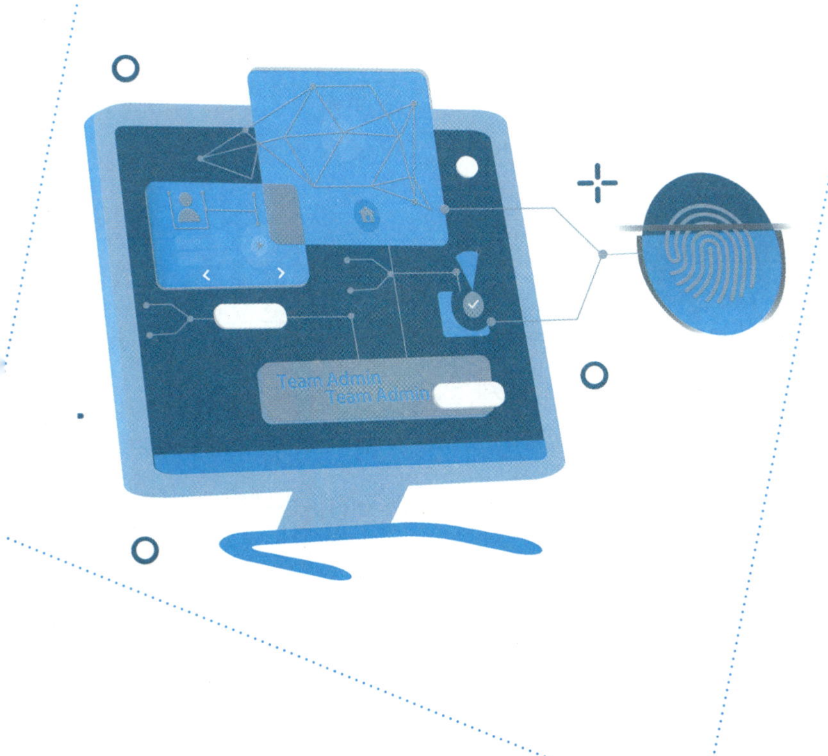

基础理念：实际推动

完成第一个概念论证项目后，我们对区块链的理解将更加深入，并且经过了案例讨论，对于区块链的收益也有了更加明确的感受。在此基础上，我们将开始讨论扩展项目应用的步骤，着手搭建正式的生产环境，开始进入从1到M的实际推广阶段。

在从1到M的实践过程中，我们将重点介绍3个方面的内容。

首先，从归零分析开始，有针对性地分析概念论证案例在目标收益、实施过程、技术储备等方面存在的问题，回溯概念论证设定的目标，总结在生产方案落实过程中需要关注的问题。

其次，重点分析区块链案例的多维扩展能力，触发应用的网络化效应，总结搭建区块链生产环境的注意事项，帮助实践者完成平台建设。

再次，结合设计思维方法论，介绍基于探索（Discover）和设计（Design）阶段的区块链推广实施步骤。具体如图5-1所示。

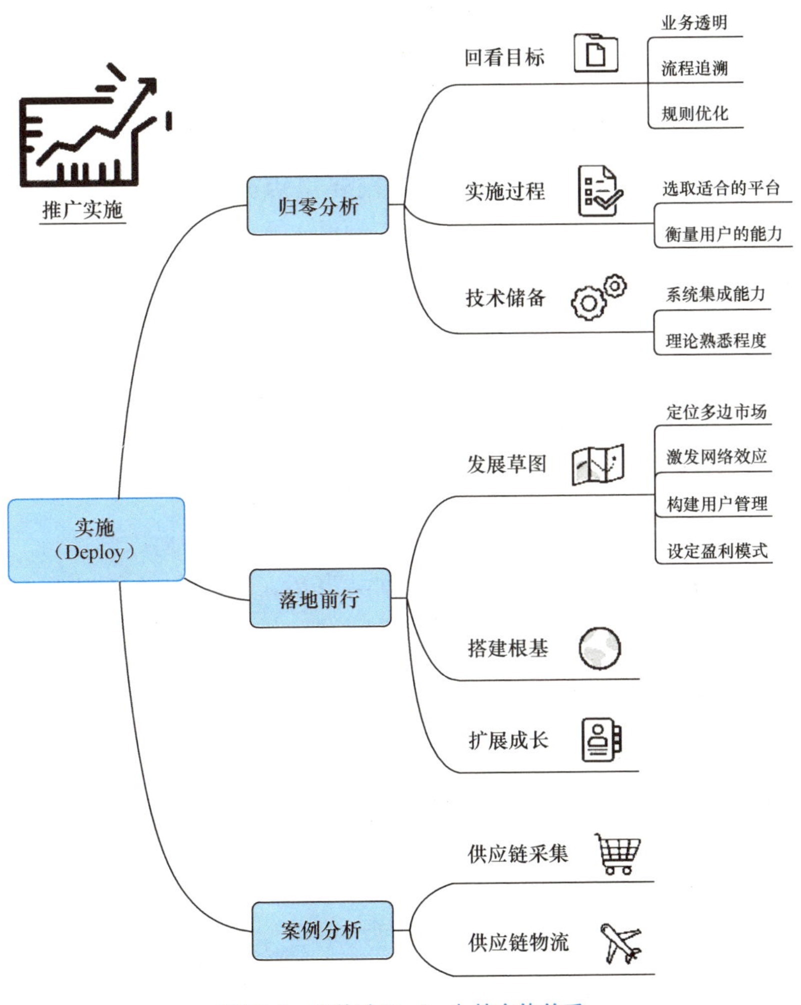

图 5–1　实施（Deploy）的主体关系

归零分析：复盘项目收益

1. 回看目标

在进行概念论证后，首先要重点分析初定的项目目标是否达成。在分析的过程中要重新对标区块链的 TECH 特性，找出验证项目中对现有业务带来了哪些实际收益。此处，我们将结合验证项目的 3 个效果层次，分别介绍收益的计算要点。

（1）业务透明

首先，重点分析关键数据共享后，实际业务参与人员在处理日常工作时节约的时间，尤其要研究传统业务流程的问题处理机制。实际测算多方参与人员进行数据核对时可能产生的时间成本。同时，注意分析数据收益是否可以推广至所有参与者，每方节约的时间也是与其核对数据时可以节约的成本。

其次，在达到相同的数据共享目标时，尝试对比建立传统的数据传输方法与区块链共享机制的差异。在对比的过程中，需要逐步分析传统的集中式数据库与区块链分布式方案的可行性、技术手段、资源投入等方面的差异。在分析的过程中，需要企业的业务部门与IT部门共同参与，提供两者对于搭建区块链平台的意见。需要注意的是，我们进行概念论证的区块链环境成本较低，生产环境的搭建成本相对较高。

（2）流程追溯

在追溯业务的验证项目中，除了分析业务人员在信息查找过程中的效率收益，更需要关注信息收集的“去中心化”方式和参与方的积极性。

首先，区块链解决的是信息存储的“去中心化”的存储问题，保证数据一旦上链就不可篡改，但是无法解决信息的真伪，有人将这个问题总结为“‘去中心化’的数据没有‘去中心化’的收集方法”。

对于很多企业间的信息业务数据传递问题，如透明化业务、流程优化业务等，多方在进行信息传递时可以对数据进行核对，一方只要进行数据造假很快会在其他业务链条中暴露出来。然而，产品追溯的数据造假问题很难被验证，产品在实际的运送过程中很可能被调包。现在众多追溯场景中使用的主要手段是粘贴不可篡改的二维码。一旦源头企业将二维码贴在产品上，后续环节很难仿冒。例如，某企业启用

的二维码墨迹分析技术，能够将油墨在纸张上扩散的自然纹路记录在数据库中，保证二维码图标的唯一性。

因此，在实际推进追溯业务之前，需要确认采用何种数据收集方式，预想采用何种 IoT 手段保证数据源头的可信性。

其次，追溯业务更强调业务端到端的信息集成问题。在概念论证的过程中，信息链条上的参与方可能仅限于部分上下游企业。此时，我们需要重点分析如何搭建具有吸引力的区块链平台以保证生产平台搭建对垂直业务链条参与者的黏性。我们将在本章的第二节重点介绍如何分析区块链平台的可扩展性。

Tips：区块链与物联网

虽然区块链在产品追溯领域对信息采集手段提出更高的要求，但是也为区块链与物联网进行合并提供了机遇，两者在数据存储与数据采集方面存在相辅相成的关系。据预测，全球物联网设备将在 2020 年达到 250 亿台。

然而在传统的物联网中，对于每一台设备、每一个环节的管理与控制都需要大规模的物理依赖，由此将产生数额巨大的设备维护费用。此时，区块链技术具有的分布式存储机制可以实现物联网的“去中心化”控制，同时将数据存储在“去中心化”的数据库中，可以有效地将存储数据进行实时共享，充分发挥物联网上的数据价值，从而打破传统的物联网价值局限，重构物联网的体系架构。与此同时，物联网上的数据可以作为区块链采集数据的源头，充分发挥分布式物理采集设备的作用，保证数据的真实性。

（3）规则优化

在区块链应用效果的分析中，流程优化的收益更加明确，直接收益就是业务环节的减少。

在技术验证阶段，实际推动的业务变更范围可能较小，也许只是将原有三步的多方传递流程变为由共享数据触发的同步处理流程。我们可以基于流程中业务人员的参与程度进行收益分析。同时，还需要分析流程优化的范围是否持续扩展，从整个局部的流程修改向整体业务流程的改进进行扩展，甚至调整前文所述的成熟的自动化处理流程。针对此处的收益分析也需要企业业务部门与 IT 部门进行综合分析，找出传统解决方法与区块链方法的区别。

2. 实施过程

在验证项目的实施过程中，需要分析应用过程中存在的各类实际问题，其中最关键的两个方面包括平台的选取和用户的参与。

（1）选取合适的平台

在验证项目实施的过程中，平台的选择对于项目实施的成败并不是关键因素，既可以选择使用很多厂商提供的云服务，也可以选择在自有的硬件环境上搭建区块链服务。在验证项目完成后，实践者要根据未来的发展战略，确认生产环境采用何种搭建方式。通常情况下，采用区块链云服务可以降低实施成本，使用厂商免费提供的接口，可以快速完成面向自有业务的区块链平台的搭建，但是很多区块链云服务提供商并不会公开其所有技术的内部架构，未来如果进行生产业务的扩展可能会存在安全问题，这是在后续生产环境搭建的过程中必须要考虑的关键问题。相对于区块链云服务，很多企业也倾向于下载开源的区块链软件，在自有服务器上搭建区块链平台，也是很多核心企业验证区块链项目采用的主要方法。但是，不管采用哪种方式，在搭建生产环境前，必须对验证项目中搭建平台的成本开展详细的分析，对比搭建云平台和物理平台的成本差异，从而为实际生产环境的搭建提供成本数据参考。

（2）衡量用户的能力

用户的参与程度是衡量验证项目效果的关键指标。在项目的论证和实施过程中，参与者也会出于对区块链技术的兴趣支持项目实施，但是在项目实施完成后，参与者的积极程度将作为后续生产环境搭建的参考指标。在验证项目中实践者可以根据与参与者的沟通难度、对区块链的理解能力、IT 人员的支撑能力等，对未来生产环境搭建过程的参与者进行评估，分析出参与方对于区块链服务的开发，以及能否在真正的项目实施中提供支持，由此从合作方的角度明确验证项目的实施效果。

3. 技术储备

在验证项目的技术储备方面，实践者需要重点分析企业 IT 参与者对区块链的看法和参与程度。

（1）系统集成能力

参与项目的内部 IT 人员需要分析企业现有系统与区块链服务的兼容度。由此确认出现系统在底层数据库、

集成链路、程序触发等方面与区块链平台进行融合是否存在问题。在未来的开发过程中，哪些方面需要进一步增强，可以采用哪些方式快速、高效地完成企业现有系统与区块链平台的数据共享与信息交互，需要提前在架构设计中进行明确。

（2）理论熟悉程度

参与项目的 IT 人员需要对区块链技术的理解程度进行评估。在实施项目的过程中，IT 技术人员不仅要参与项目的集成开发，更需要了解区块链的架构体系，尤其是与其他第三方进行合作开发的项目，IT 技术人员需要掌握运行原理、集成方法，甚至内部逻辑，由此为后续向生产环境进行扩展积累技术基础，更好地为生产环境的区块链环境的搭建提供技术支持。依据技术人员的掌握程度，需要进一步分析未来生产平台的搭建方法。

落地前行：区块链的路标

在区块链技术风头正盛的 2017 年，国内区块链币圈市场异常火爆，国家互联网金融风险分析技术平台监测的数据显示，截至 2017 年 7 月 18 日，能够在国内检测到的首次币发行（Initial Coin Offering，ICO）服务提供平台共 43 家，上线并完成 ICO 的项目 65 个，在 6 ~ 7 月内更是多达 43 个 ICO 项目上线。随着中国人民银行等 7 个部委《关于防范代币发行融资风险的公告》的发布，这些在币圈里做着一夜暴富梦的人终于惊醒了。

进入 2018 年，区块链技术正在随着币圈的降温而进入应用寒冬，人们正在从盲目笃信到审时度势，区块链技术的应用正在回归到正常轨道。当我们回到正常轨道上，如何扩展当前狭窄的区块链应用领域，正在成为区块链实践者面对的难题。

“荣格财经”在一篇文章中介绍了对区块链未来发展的展望，文中指出区块链的发展模式是由技术推动的，它的发展不能完全照抄互联网的发展之路，只有充分发挥区块链的本质，才能真正焕发出区块链的价值。我们认为，区块链的发展能够部分参考互联网的发展模式，但是区块链与互联网仍然存在着本质区别。区块链形成生态系统的过程可以借鉴互联网发展的模式，可区块链平台具有的“去中心化”特点又让其具有互联网所不具备的特性。我们将和实践者一起对比区块链与互联网平台发展存在的异同，分析区块链的多维发展能力，将其作为实践者分析概念论证项目发展方向和潜力的依据。

1. 区块链的草图：互联网的平台战略

在陈威如、余卓轩所著的《平台战略——正在席卷全球的商业模式革命》一书的序言部分，通过介绍一位普通青年人从早到晚的生活，将日常生活中我们能够接触到的平台进行了梳理。虽然介绍的是一位美国青年，但是我们也能够理解平台模式对人们日常生活的重要性。早晨上班，我们会接触到摩拜、今日头条、微博、微信，工作时我们需要使用邮箱服务、百度搜索，中午休息时上淘宝、京东购物，刷短视频等。在不知不觉中，互联网的平台模式已经深入人们的日常生活，涉及社交网络、电商、游戏、第三方支付等各种产业。这种模式已经改变了人们的生活方式，也正在全球商业竞争中扮演着越来越重要的角色。

想要打造一个成功的平台商业模式，关键在于打造一个完善的、成长潜能更大的生态圈，它将拥有独树一帜的精密规范和机制系统，能有效激励多方群体之间的互动，达成平台企业的愿景。平台模式中的任何一方群体，一旦由某些需求触发了大规模增长，另一方群体的需求也会随之增长，由此构建出一个良性循环机制。在互联网信息革命的推动下，21 世纪已经成为历史上通过平台战略全面普及人类商业行为的分水岭。互联网技术正在为平台商业模式的发展提供了前所未有的契机。

基于上述对互联网平台战略发展模式的介绍，我们可以看出区块链的发展也需要考虑如何形成定位多方的机制系统，如何激励多方群体间的互动，进而形成良性的循环机制，由此才能更加充分地发挥区块链的特性。所以说区块链也可以参考互联网推动的平台发展模式，只是这次我们要搭建的平台不是“中心化”的平台，而是“去中心化”的公有平台或“非中心化”的联盟平台。

在互联网生态圈的机制设计中，我们将重点介绍平台战略中与区块链发展关系紧密的 4 个关键因素：定位多边市场、激发网络效应、构建用户管理机制和设定关键盈利模式。

（1）定位多边市场

互联网平台的商业模式重组了传统产业价值链，将传统的单边发展模式变为多边发展模式。许多平台公司无须自行研发新产品，只需建立一个面向多边群体的供需服务平台，形成一个类似于互动媒介的组织，从而在其中获取利益。**分析或搭建平台商业模式的首要步骤是定义双边（或多边）使用群体。**事实上，无论多么复杂的生态圈，无论该企业拥有多少边的群体，都可以将生态圈的关系拆解为基本的双边模式。平台企业需要能找到连接供给和需求间的契机，为激发随后的网络效应提供基本框架。

区块链在谋划生产平台，准备搭建生态网络时，也需要从基本的多边潜力进行分析，找到扩展业务的方向。在完成多边市场的定位后，区块链网络相比互联网平台将具备更加柔性和广阔的发展空间。

- 相同点：建立于基本的双边收益模式

在分析双边收益模式时，我们需要分析案例向前后两端业务领域进行扩展的能力。在信息共享和状态追溯的案例中，如果案例收益方向是重点关注多方交互透明化的信息追溯维度，可以将案例的涉及范围向业务的前端和后端进行扩展，对比传统的业务管理模式，可以通过简化业务流程，快速形成一套简化的、高效的业务模式，由此不断地叠加双边收益。

例如，从产品运送状态的信息共享，可以向产品到货后的付款流程进行延展，将产品实际的各类付款数据和订单进行集中处理，逐步实现对产品交易的全流程管理。因此在区块链验证项目中，可以完成工厂与供应商的物流信息追溯，客户可以对这段信息进行查看和验证；在生产环境的搭建过程中，可以将工厂与供应商的付款流程放到区块链上进行共享，提高供应商与工厂间交易结算的效率，进而也可以引入更多级别的供应商，不仅服务于一级供应商，还可以向二三级供应商的信息追溯进行扩展，形成在统一追溯链条下的信息共享平台。

当前很多区块链服务提供商发布了产品追溯平台，确定的商业模式就是服务客户和厂商对于产品信息验证的需求。这种模式将用于解决很多网络平台或线下商场的货品真伪验证问题。

- 不同点：具备发展为多维模式的天然潜力

在区块链平台与网络平台的不同点上，前者建立的平台具备更加广泛的扩展能力。

一方面，区块链平台积累的数据并不被一个"中心化"的企业所掌握，避免了传统的多方信息在传递过程中产生的网状路径，并通过信息的多点共享提升了账本信息的可信度，而数据的真实性又促使其具备更高的应用价值。共享账本的数据可以发送给其他参与方并应用在更多的业务领域。例如，上节提到的信息追溯平台，共享账本的数据可以被多级供应商应用在供应链金融领域，从而将银行作为多边市场的一个环节，继续利用区块链上的数据进行贷款服务。

另一方面，传统的瀑布式的业务流程可以演变为并行处理流程。多方的信息源头与业务处理依据将归结于统一的共享账本。基于可信数据的传统业务流程将成为智能合约改造的对象，形成更加高效的新型业务流程。此处所述的新型业务流程既可以是基于传统业务流程的效率提升，也可以是对传统流程的完全重塑。具体实施的程度需要根据业务流程进行分析。

传统业务模式的重塑，需要针对现有业务流程的痛点，提出区块链模式的优势，但是在推进过程中需要考虑的改造方也较多，更加适用于涉及部分参与者的联盟模式。例如，基于区块链的票据管理模式，通过开发具有不可篡改特性的发票单据，将传统的纸质发票转变为基于区块链的电子发票，未来报销凭据可以根据政府、商家以及个人的账本数据进行快速核对。区块链发票调整了传统的发票管理形式，在推进过程中就需要考虑政府作为核心的第三方是否愿意参与到联盟的建立过程。

Tips：此处我们可以一起分析大家非常熟悉的音乐播放软件的发展历程。从 20 世纪 90 年代诞生了网络播放器开始，网络音乐平台将磁带或 CD 搬到了线上，歌曲随时可以在网络上下载，给听众带来了极大的方便。传统的歌曲出版方式远远不及网络平台的传播速度与效率。在音乐平台给大家带来方便的同时，歌曲盗版也在损害歌手和出版方的利益。随着社会尊重知识产权的意识越来越强，各大音乐平台已经下架了未被歌手授权的歌曲，或者必须通过付费才有权播放音乐，但还是有很多未被授权的歌曲可以在网络上播放。歌手很难真正按照自己歌曲的点播量获得报酬。

基于区块链搭建的音乐平台为保护歌曲版权提供了新的办法。在歌手发布歌曲时，利用歌手拥有的私钥将歌曲进行加密；当用户需要播放歌曲时，必须利用歌手

的公钥对歌曲进行解密。与此同时，平台设定好的协议会自动触发扣款流程，扣除用户的积分，转移到歌手的账户中。这种方式可以有效地解决版权管理问题，歌曲的播放量被自动记录在共享账本上，平台按照流量付费给歌手。一旦出现版权争端等问题，账本数据可以极大地降低歌手的维权成本。很多区块链项目都在关注版权保护领域，希望利用分布式账本存储各类文化成果，例如图书、歌曲、专利等。这也是一种重构传统业务流程的尝试。

克里斯·安德森在长尾理论中，在介绍 Rhapsody 音乐平台的发展理念时，曾经多次谈到版权问题对于延长音乐市场"尾部"的影响。其中关键问题就是音乐平台在支付版权费用时与歌手存在分歧。音乐平台希望支付更少的费用，尽量囊括更多的音乐作品，却不知道歌曲未来的收益情况，要承担歌曲不卖座的风险。歌手则希望获得更多的报酬，要求音乐平台预先支付歌曲的版权费用。在不断的商业谈判过程中，平台、音乐人和听众在一定程度上都是受害者。

此时，区块链音乐平台的特性就可以通过直接对接听众与歌曲，一方面让音乐平台降低收益风险，另一方面鼓励音乐制作者进行歌曲创作，为发掘新的利润池提供技术手段。我们将在介绍4D模型的布局（Distribute）属性时，进一步阐述区块链发挥长尾理论的方式。

（2）激发网络效应

互联网平台商业模式的一个重要特点就是利用群众关系来建立无限增值的可能性，称为"网络外部性"或"网络效应"。在传统业务中，消费者通常将消费时获得的价值视为个人层面的感受，这种感受与其他人无关，也不会对其他消费者产生影响。但是在实际生活中存在一些产品和服务，例如，只有一个用户拥有电话，电话的存在并不具有任何价值，因为用户没有办法给其他人打电话。然而当使用者越来越多时，每位用户所得到的消费价值将跳跃式地增加，同时也会吸引越来越多的人购买电话方便自己的日常生活。这就是典型的网络效应。其通过在使用者间建立关系网络的方式，达到激增产品价值的目的。

在互联网平台上，QQ、微信、微博等社交软件都经历过激发网络效应的过程，将用户牢牢地捆绑在自己的平台之上。网络效应带来的增值力量是自然而然的推动力，用户在使用平台产品和服务时，并未想到自己的行为会为其他人创造价值，但实际结果却是整体价值的提升。

- 相同点

互联网平台的网络效应需要考虑同边扩展与跨边扩展两个维度，通过不断地积累多边用户达到平台快速发展的触发点，进而形成平台快速发展的良性循环。**所谓同边扩展是指增加相同角色的用户数量**，例如，安卓系统通过向手机厂商提供平台支持，用户在享受手机服务的同时，也成为安卓系统的用户。**跨边扩展是指市场模式中的另外一方，在一方的用户不断增长的同时，也会促进另外一方的用户不断增长**，例如，随着安卓手机用户的不断增长，安卓平台允许第三方程序的开发方入驻，开发各类服务于用户的功能软件，利用这些服务把用户吸引到平台上，增加用户对平台服务的黏性，形成由手机用户与第三方程序开发商两个参与者组成的良性增长循环。

区块链的发展同样要考虑两类扩展方向：**一方面扩大使用者和参与者的数量；另一方面要找到并增加参与者黏性的第三方，形成多边用户相互促进的良性增长循环模式**。当前区块链应用无法大规模扩展，主要原因是市场参与者的数量无法触发区块链网络效应的临界点。

正如某国际物流企业的区块链物流管理平台，它的发展也是从某几个试点企业开始起步测试的。随着平台效益的逐步凸显，每家企业都可以将其商业网络向区块链平台扩展，把业务信息储存在可信的分布式平台上，并根据自身业务场景的需要决定参与的程度。不仅如此，随着港口、航运等企业的不断加入，某些政府机构也会逐步介入区块链平台，获得相应的业务数据，加速业务办理效率。由此形成企业带动上下游合作伙伴（同级企业扩展），企业规模吸引监督、审计机构参与（第三方用户），第三方用户继续带入更多同级企业或机构的良性增长循环模式。

因此，在实际案例的分析过程中，我们也需要从同边和跨边两个方面对应用案例进行分析。**在同边的目标用户端，需要思考如何更好地吸引成员加入区块链网络；在跨边领域，需要找到发掘区块链网络数据价值的第三方，一方面提升数据的可用性，扩展网络平台的影响力，另一方面进一步触发同边用户不断涌入。随着数据的不断积累，达到触发平台网络效应的临界值。**

- 不同点：互联网平台下的价值传递催化剂

在互联网平台中，信息的管理必须由平台企业进行

“中心化”管理。这种中心化的信息管理方势必引发一定的数据失真、被盗、挪用等风险。例如，2018年美国某社交网站CEO因为用户数据被盗用而被政府问责，并在会上为挪用用户数据进行辩护。因此，互联网平台在进行跨边扩展的过程中实际存在一定的局限性，对隐私数据的保护在“中心化”平台上很难实现。在区块链技术时代，信息共识将建立在数据共识的基础上，数据真实性的验证将不依赖于第三方管理，个人的隐私数据可以在分布式账本中存储和管理，信息的读取和应用需要用户个人的授权。这将为区块链平台增加一条价值传递链条，一条在同边与跨边链路中同时存在的价值扩展链路。

在区块链应用的网络效应不断扩展的过程中，价值传递链路也将随之增强。不断积累的区块链账本数据将成为平台与用户可以共同创造价值的数据资本。不管是供应链平台、金融平台、产权保护平台，还是个人信息存证平台，用户数据的使用过程对数据拥有者是透明的，实物产品或虚拟产品的传递过程可以与网络平台的信息传递、传递的产品价值信息绑定在一起，形成信息、实物、价值3条链路的信息绑定。这种信息和价值的绑定将为触发网络效应产生催化效应。

Tips：谈及信息流、产品流与价值流的信息传递与绑定问题，对 3 个信息的同步传递问题最为关注的当数供应链管理领域。所谓供应链管理是指用于有效集成供应商、制造商、仓库与商店的一系列方法，这些方法使生产出来的商品能以恰当的数量，在恰当的时间，被送到恰当的地点，实现在满足服务水平要求的同时使系统的成本最小化。从供应链管理的定义中可以看出，在整个管理过程中将涉及大量的、多方的产品交易、信息更新、价值传递过程。区块链作为解决价值传递的有效手段之一，在优化供应链管理方面存在很多潜在的应用案例。我们将在本章的案例分析中对供应链管理中如何发挥区块链技术特性进行详细介绍。

（3）构建用户管理机制

当我们完成市场分析和网络激励机制的搭建后，运行中的网络效应也可能呈现负面影响，这意味着某些或部分网络成员的加入没有刺激同边或跨边领域的扩展，反而降低了其他使用者加入平台的效用和意愿，因此，互联网平台企业需要通过建立相应的管理机制来过滤用户，排除对平台良性发展产生影响的用户。

在互联网平台的管理机制中，主要采用的方法包括用户身份鉴定、互相监督、打分机制、强制淘汰等。

- 相同点

不管是在面向个人用户领域还是面向企业领域，区块链平台同样需要考虑参与者的过滤与管理机制，由此才能保证平台数据的真实性。

在面向个人用户领域，区块链平台同样需要用户进行身份验证，并为用户提供其他方面的存证服务，例如，在知识产权存证网络中，用户上传的身份信息可以作为获取法律保护的依据。另外，区块链平台可以发挥其“去中心化”的优势，链接用户在多个平台上的注册信息，作为保障其权益的证明。

在面向企业用户领域，企业可以通过建立联盟的方式，对进入联盟的企业进行身份认证，保证联盟内部的成员权益。在联盟形成的过程中，可以逐步实现内部通用的信息传递标准、通用的流程处理模式等其他管理规范，从而让参与者上传具有价值的真实数据。

- 不同点

相对于互联网平台开放的筛选机制，区块链平台的用户筛选更多需要依附于核心企业。区块链平台对于信息数据的真实性要求极高，用户上传的错误数据对于平台数据的价值将造成很大的影响。这个不同点不是由区块链自身特性决定的，而是由外部环境决定的发展路径。

区块链的出现阶段属于互联网平台发展模式已经非常成熟的时期。人们的大量业务数据和生活数据都存储在各类“中心化”的平台。成熟的互联网平台已经完成了一轮用户筛选过程，很多用户的信息数据完全可以作为其他业务的参考依据。此时仍然依靠区块链平台从零开始搭建平台网络，需要耗费很大的精力去筛选或清理垃圾数据或不良用户。如果能够围绕核心企业的信息平台搭建区块链网络，就可以极大地扩展“中心化”平台上的数据价值，从而创造出更多的收益模式。尤其是在面向个人用户领域，“中心化”平台积累的各类数据更加具备共享的价值。

在面向企业领域，区块链的网络建设更加需要核心企业的支持和背书。围绕核心企业建立的区块链联盟，具有更强的数据和流程的统一性，参与联盟的企业信誉度更高，由此产生的链上数据也将具备更大的应用潜力。核心企业可以利用其在合作伙伴管理上的成熟机制，实现对区块链参与方的筛选，从而减少了大量的用户筛选工作。在当前区块链应用的过程中，很多现有的区块链联盟也是建立在这种核心企业、合作伙伴积极参与的模式上。例如，沃尔玛和 IBM 建立的食品溯源区块链联盟，在业务联盟中就涉及沃尔玛各类商品的供应商，包括水果、蔬菜、奶粉等。这种联盟能够快速地完成业务链条的搭建，从而不断地积累对于消费者有益的商品追溯数据。这种搭建方式也对后期区块链盈利模式的设定有一定的影响。

Tips：从表面上看，围绕核心企业搭建的平台在一定程度上违背了区块链"去中心化"的发展意愿。但是在技术层面上，这种模式并不影响区块链的"去中心化"机制，只是在形成方式上将核心企业作为建立区块链应用联盟的关键。利用核心企业与业务伙伴建立的合作模式，共同讨论现有业务流程中存在的问题，研究是否存在应用区块链技术的场景，从而高效地完成区块链技术的应用验证。另外，这种方式还能借助核心企业已经建立的用户筛选机制，将区块链特性作为辅助业务发展的技术手段。

（4）设定关键盈利模式

在互联网平台的建设中，双边模式赋予了平台企业的定价弹性，企业可以根据具体情况选择补贴一方市场群体，促进使用者数量不断增长，由此吸引位于市场另一边的群体参与到平台业务中，并且为享受平台服务支付费用。在不断地分析和选取相应的补贴方与付费方后，互联网平台企业将逐渐明确其盈利模式。

- 相同点

区块链平台在考虑设定补贴方时，需要结合具体的案例分析采用何种方式。在区块链进行扩展的启动阶段可以重点考虑现金流的汇集方便度。

现金流的汇集方便度是指单纯从市场群体的资金集中程度判断补贴方。例如，搜索引擎不会像难以汇集资金的每个用户收费，而是通过搜索结果的呈现方式，向更加集中的广告商收费，降低汇集个体资金的难度。区块链平台的盈利模式也要参考参与方的资金汇集方法，向发掘数据价值的市场方征收费用，补贴平台参与方，预估参与方贡献的数据信息。例如，溯源区块链的案例可以在完成信息收集后，向第三方管理机构或金融机构收取部分费用，支持其获取必要的基础数据。

随着区块链平台的发展，也需要考虑平台的收费范围与比例，将部分市场参与方划分为付费方，从而享受更多的业务服务。例如，随着供应链平台的不断完善，区块链平台中的二三级供应商可以通过付费优先享受银行贷款服务，或者获得更多采购方的订单信息数据，从而为其搭建更广的交易平台。这些盈利模式都需要优先考虑区块链的网络效应，防止打击用户参与的积极性。

- 不同点

区块链平台的收益模式需要从短期和长期两个角度进行分析。在短期收益上，区块链技术仍然处于由技术驱动发展的起步阶段。因此，服务提供方可以用销售平台或咨询服务的方式赚取收益。同时，对于形成区块链联盟的企业群体，短期的项目收益将主要体现在提升传统业务流程的运行效率。在长期收益上，区块链平台服务方不仅会在不断的实践中完成技术的提升，还可以提前布局区块链网络与其他技术（IoT、AI）的综合发展，从战略上布局未来的区块链网络与技术服务的发展方向。另外，基于区块链本身具有的特性，随着区块链网络的不断扩展与数据积累，尤其是在面向个人用户领域内形成区块链联盟，共享数据价值。

短期：咨询服务与平台使用费用

区块链技术对于大部分企业仍然属于新型技术，在企业内部的人才储备比起其他互联网技术相对较弱。由此很多咨询公司、行业领先公司可以通过提供技术支持服务的方式获取收益。尤其是很多核心企业建立的区块链行业联盟，在完成针对自身业务需求的区块链平台后，会对后续的参与者收取服务使用费。例如，某国际大型连锁超市建立的食品追溯区块链平台，其供应商可以使用平台服务实现食品生产过程的溯源。此时，平台服务方将根据供应商上传的交易数据量收取费用，一方面满足顾客的食品安全需求，另一方面实现平台服务的盈利。

短期：变革传统业务的效率提升

在介绍区块链特性和应用设计阶段，业务效率的提升都是区块链选取案例的重要评定标准。在区块链联盟内选取的应用案例，需要考虑其对于传统业务在数据共享、业务模式、信息追溯等方面带来的改变，并计算这些变革对多方业务管理带来的收益，包括工作时间、人员成本、会议时间、审计效率等。这部分应用收益将作为区块链平台在初步发展阶段的重要评判标准，成为其向互联网盈利模式转变的铺垫。

长期：布局区块链与互联网技术的战略发展

从区块链的长远发展上看，其逐步壮大的过程不仅需要自身特性的支持，更需要其他互联网技术的辅助。例如，区块链平台可以搭建在云平台上，因此，一方面，云计算技术的发展将对区块链服务的稳定性、健壮性有着重要影响。另一方面，平台企业也可以借此丰富自有云平台的功能；IoT 技术作为实时收集产品状态信息的关键接口，能够丰富区块链数据采集的手段，保证采集数据的可信性；AI 技术也可将共享数据作为分析业务状态的基础，为相关业务场景提供决策分析的技术支持。

由此可见，发展区块链平台将有利于推动相关互联网技术的集成发展。从长远看，**区块链形成的联盟将作为其他互联网技术发挥作用的新领域。**

长期：发掘共享数据的附加价值

区块链平台上记录的共享数据将逐步成为企业乃至行业的共享资源。这些资源不仅能够支持目标业务的发展，也将成为其他业务进行参考和数据分析的资源，变为平台企业获得附加收益的筹码。**现阶段可见的价值主要指面向事实验证的存证服务。**

面向信息验证的存证服务

区块链共享数据的不可篡改特性为其发挥附加价值提供基础。例如，企业区块链联盟存储的数据可以作为金融部门、政府部门的校验、审计依据，由此快速实现交易信息的验证，完成抵押贷款、税务审核等需要多重校验的复杂业务。面向个人信息存证的区块链可以为相关业务部门提供数据产证的依据，方便用户快速验证存证信息。所有上述服务还可以实现零知识验证、交易过程透明，让数据的拥有者能够在得到事先通知的情况下，清楚数据的使用状态。这些都可以作为区块链平台长期发展的预期收益。

2. 区块链的根基：搭建环境的条件

在分析了区块链的应用和平台模式后，实践者已经对案例的选取和推广有了一定的理解，也经历了概念验证项目的实施过程，此时我们将讨论搭建生产环境需要考虑的条件。这些条件将作为实践者结合自身业务目标、技术条件与业务场景选取不同实施方式的依据。

当前的发展阶段，区块链对于大部分企业来说仍然属于一项新技术，因此建议采用和其他厂商或咨询公司合作的方式搭建平台，如果自身储备了相应的技术资源，也可以选择自主搭建内部平台。我们将从3个方面对不同的技术平台进行特性评估，分别包括IT技术、项目经验、战略优势。每个条件都进一步扩展出细节条目，实践者在确认自身生产环境的过程中，可以参考表5-1中的搭建条件，选取符合自身具体环境的区块链生产环境建设方案。

表5-1 正式环境搭建的条件

分类	条目	描述
IT技术	开放程度	平台的开发程度需要由具体的业务需求确认。根据区块链账本的共享范围，一般将区块链平台的开发程度分为三大类 • 公有链：向全世界任何人开放读取、发送交易的权限，面向公共服务的区块链通常采用此种形式 • 联盟链：账本信息只针对特定的群体成员或其他有限的第三方开放，大部分针对企业群体的区块链应用会采用此种模式 • 私有链：账本信息只对单独的个人或实体开放，一般用于存放不便于公开的隐私数据
	平台特点	平台特点关注于第三方区块链服务提供方对区块链技术进行二次开发，使其更加适用于某些业务场景的特殊需求。现有区块链服务提供方通常会针对以下3个方面进行改造 • 每秒交易处理量：即在单位时间内平台在打包形成区块时，能够被记录在区块账本上的交易数量。如果实际案例的单位时间吞吐量很高，需要优先考虑此指标更高的平台技术 • 快速部署能力：提高用户部署区块链网络的速度，能够高效地完成底层架构的搭建，让用户专注于自身业务的实现过程。还有部分第三方企业会针对特定的业务应用场景进行案例封装，由此快速地帮助企业部署面向通用业务区块链平台 • 加密技术研究：进一步提升区块链自有的加密算法，开发运算更快、破解更难、柔性更高（满足交易内部分字段加密，部分字段公开的特性加密场景）的加密机制，将其作为自有平台的加密模块

续表

分类	条目	描述
IT 技术	开发语言	区块链根据底层技术的不同，采用的编程语言也不相同，在联盟链领域中应用较为广泛的 Hyperledger Fabric 平台主要采用两种编程语言 • Go 又称 Golang：这是 Google 开发的一种静态强类型、编译型、并发型，并具有垃圾回收功能的编程语言，是 Hyperledger 采用的底层编程语言 • Java：Hyperledger 项目针对 Java 编程人员专门开发了 SDK 包，由此让底层开发语言具有更广的适用度
	开源程度	开源程度主要针对区块链的底层技术，尤其是经过第三方开发的区块链服务 • 完全开源：Linux Foundation 下支持的多项 Hyperledger 项目都是开源技术，IT 人员可以自行在 Github 上下载软件包进行部署，不需要支付任何费用 • 模块封装：经过第三方封装的区块链服务往往不能由服务使用者进行二次开发，而是需要委托第三方进行功能定制；还有部分区块链服务只公布服务的特性，有时并不会公布底层业务的运行机制，也不支持柔性化定制
	运维模式	平台建成后的运维模式与平台开发程度和技术提供方的开源程度直接相关 • 开源平台：企业的 IT 技术人员可以在服务上线运行后自行完成平台故障（Bug）的排查和解除 • 封装平台：平台的运行状态和问题需要第三方提供专门的运维服务，按照年限收取相应的运维费用，更加适用于 IT 实力较弱或没有内部 IT 团队的企业
项目状态	业务经验	项目经验对于区块链实践者完成项目的概念论证阶段向生产环境转变具有很强的帮助作用 • 咨询机构：传统的咨询机构能够帮忙企业分析区块链的特点，由此服务企业找到合适的应用案例。但是区块链技术的应用不仅需要理解区块链技术，更需要丰富的实践经验 • 第三方服务机构：区块链服务提供机构往往在某一方面具有较强的实践能力，同时某些平台提供的服务也具有很强的针对性，此时实践者可以分析自身所处的领域是否已经结成业务联盟，选择具有实践经验的服务提供机构也将有利于后期平台的转型

续表

分类	条目	描述
项目状态	项目周期	项目周期对于企业快速完成项目论证，分析企业生产环境搭建计划具有积极意义。在通常情况下，企业需要大约2个月的时间完成单一的验证项目，另外再需要2～3个月完成生产环境的搭建与试运行
	项目经费	项目经费的支出与企业的发展战略直接相关。一般验证类区块链项目的实施费用在几十万元人民币。生产环境的搭建费用需要参考企业选择的服务模式，现阶段的第三方云服务通常是免费使用的，需要单独计算IT支持费用与运维费用
战略优势	运维能力	从战略发展的角度上，实践者应该尽量将区块链平台的运维工作转到企业内部，尽量降低第三方模块在整个平台内部的占比，对于系统内出现的各类问题，能够利用内部资源进行快速解决。由于区块链网络是多方共同参与的共享平台，因此不仅需要维护自身系统的正常运行，还需要关注其他参与方的系统运行状态
	扩展能力	在平台的扩展能力上，实践者需要注意区块链节点的扩展成本，尤其是应用第三方的区块链服务，需要重点明确未来扩展区块链节点时，是否需要参与方支付节点使用费用。这些使用费用将直接影响到参与者的实践积极性
	集成能力	平台的集成能力强调平台技术与企业现有信息系统的集成难易度，采用的技术是否具有通用性。未来区块链上的集成链路、共享账本以及智能合约开发是否需要额外的第三方支持，或者可以完全掌握在服务使用者一方，这对于未来企业控制区块链使用成本具有战略意义

IT技术主要关注于对区块链平台技术的了解，根据具体业务需求与IT技术基础评估区块链服务；项目经验关注于区块链服务方在实施项目过程中需要的周期、经费以及业务经验；战略优势强调区块链平台长期发展的潜力，旨在根据企业的实际需要，尽量选取更具扩展潜力的平台搭建模式。

扩展成长：由案例推演模块

在论证案例收益、分析自身应用环境后，相信实践者对其案例的未来应用前景已经有了一定的认识，并准备完成区块链应用的正式实施。在进行从概念论证到实践推广的过程中，我们继续为大家推荐 DT 方法，并将实施阶段的 DT 方法与前两个阶段的分析相结合，完成如图 5-2 所示的 DT 方法在区块链实践过程中的两次迭代应用。

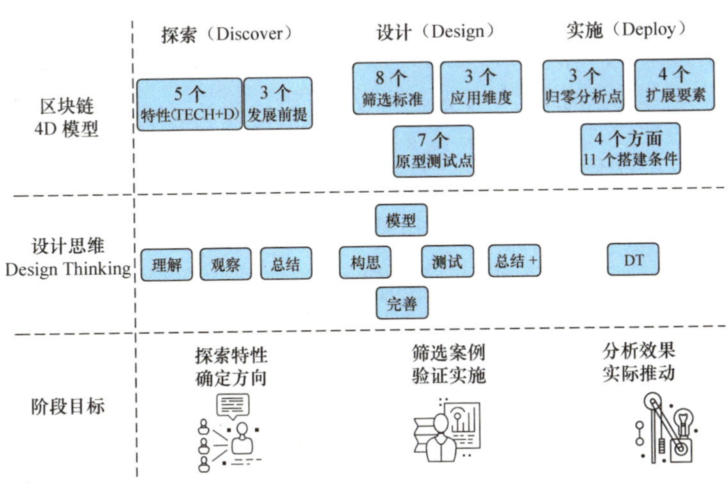

图 5-2　4D 模型与 DT 方法的对应关系

在 4D 模型的探索与设计阶段，实践者完成了 DT

方法的第一次迭代。分别在探索阶段完成了 DT 方法的理解和观察步骤，在设计阶段完成了 DT 方法的构思、模型搭建与测试完善。由此通过完成区块链概念论证案例，验证区块链的收益点。

在进入 4D 模型的实施阶段后，实践者要在概念论证案例的基础上完成 DT 的第二次迭代。在这个阶段，我们将继续应用 DT 的方法，完成对归零分析、扩展能力、搭建分析 3 个方面工作的串行实施，形成不断测试与完善的应用循环。其中，4 个扩展因素将作为实践者理解和观察业务应用场景的基础，并进一步构思平台应用的方向。在制作模型的过程中，我们可以基于 11 个搭建条件完成对模型技术的分析与筛选。最后，在不断测试与完善的过程中，3 个归零分析点将作为实践者重启每次应用迭代的出发点。

在后面案例分析的过程中，我们将继续结合 DT 的方法对实际案例进行详细分析。

案例分析：基于区块链的供应链场景实施

在实施（Deploy）阶段的案例分析中，我们将结合全球供应链领域的应用案例，为实践者分析区块链生产平台搭建的过程。

2017 年 10 月，国务院办公厅就推进供应链创新与应用发布指导意见，指出“供应链是以客户需求为导向，以提高质量和效率为目标，以整合资源为手段，实现产品设计、采购、生产、销售、服务等全过程高效协同的组织形态。随着信息技术的发展，供应链已发展到与互联网、物联网深度融合的智慧供应链新阶段。”在文件内容中强调各相关单位需要考虑并研究利用区块链、人工智能等新兴技术，建立基于供应链的信用评价机制。

在 2016 年 12 月国务院印发的《“十三五”国家信息化规划》中首次将区块链技术列入《国家信息化规划》，这已经是国务院第三次公开提及区块链技术。既然区块链技术已经被点名应用到供应链领域，那么究竟如何具体落实区块链技术呢？下面我们就结合区块链实施过程中涉及的关键点进行具体分析：**首先，研究供应链领域**

的区块链应用方向与特点；其次，结合行业里现有案例介绍区块链实践方法。

1. 供应链案例的多维发展

在介绍如何激发区块链网络效应的章节中，我们分析了供应链对信息流、业务流、实物流进行集成管理的迫切需求。作为一个由采购、运营、物流、计划等业务模块构成的供应链，在其内部天然存在一个由多个参与方构成的交易网络。在这个网络中，业务的运转需要多方信息的传递，由此保证原材料能够顺利组装为成品。这也为寻找供应链应用场景提供了业务基础。基于区块链的供应链发展方向见表 5-2。

表 5-2　基于区块链的供应链发展方向

区块链平台	多维发展方向
定位多边市场	• 供应链中每个参与方都可以找到信息共享点，例如，物流与工厂可以共享原材料或成品的运输状态 • 传统供应链的业务流程存在潜在的更改点，利用区块链的可信数据，传统的纸质审核流程可以被简化为基于信息数据的快速审核。例如，在海关、税务等管理机构的审核过程中，各类材料的纸质文档是检查的关键依据
激发网络效应	• 供应链上的参与方可以向端到端进行扩展，例如，供应商、工厂、物流公司可以逐步被引入到区块链网络 • 在每个参与方的内部，不同规模的企业也可以被逐步引入区块链网络。例如，在物流方中还存在负责跨国运输的大型企业，也存在完成地方运输的小型企业

续表

区块链平台	多维发展方向
完成用户管理	• 供应链中不同参与方构成的商业网络可以作为区块链平台进行用户管理的依据。在这个网络中，不断积累的伙伴关系可以作为区块链网络联盟的基础
设定盈利模式	• 在供应链业务中推进区块链应用可以从提升业务运行效率开始，从小的案例和收益触发，扩展区块链平台的业务范围。在经过不断的数据积累后，再逐步发掘区块链数据的信息价值

2. 供应链应用的具体案例

电子产品采购业务实践

某大型电子产品制造企业正在其采购业务中应用区块链技术，提出应用区块链优化代工厂、供应商等多方的物料采购和付款业务流程。在其应用案例中，重点关注现有业务中存在多方采购信息、付款信息和物流信息交互传递的场景，**解决在交易过程中可能出现的库存差异、付款周期延长、订单状态未知等问题，将平台服务定位与服务于物料流转的多边市场。**

该企业利用区块链技术具备的“去中心化”特点，提出一种基于区块链技术的简化的、高效的供应链采购信息交互解决方案：代工厂直接在区块链上创建交易请求，分别要求相关方对交易信息进行核实背书；供应商则可以按照订单信息，快速完成物料准备。最后，代工厂确认的收货信息将触发区块链的付款合约。该合约将根据收货状态，触发管理方和供应商的业务系统，完成原材料付款流程。

该企业进行的区块链实践，有效解决了供应链中通过中间方进行控制的复杂业务流程。通过账本共享的方式，将传统模式中必须由中间方进行确认的信息放在区块链上进行记录，提升多方业务交互过程中的信息透明程度。同时，通过基于链上数据触发的智能合约，部分业务流程能够实现自动化处理。这种模式正在将传统的中介式的流程处理形式，逐步转变为基于物权转移的协同交易模式，实现对传统业务模式的变革。

国际供应链物流业务实践

随着区块链技术在存证领域的应用不断扩展，某国际大型物流企业经过概念论证后，开始搭建正式基于区块链的海运物流服务平台，旨在为全球贸易提供更高效、更安全的业务处理方式。在不到两年的时间内，已经有超过 90 家企业宣布入驻该业务平台，其中涉及码头管理局、运营商等多个国际物流业务参与方，甚至多个国家的海关当局也参与其中。平台之所以能够得到快速的发展，一方面与平台的功能模块有关，另一方面也与平台运营方采用的策略有关。

物流区块链平台的功能模块直接关注传统航运的业务痛点。在现有航运过程中，不同参与方的信息交互非常关键，正常的运输过程需要涉及托运人、航运公司、港口和码头运营商、运输局和海关当局等多家企业或机构。在信息的传递过程中，经常出现由于信息不一致导致的业务摩擦，造成航运延误、税务损失等问题。针对此类业务痛点，该物流平台通过记录国际海运过程的状态信息，追踪船舶的进出港时间、装卸时间，为企业处理运输合同、海关管理通关单据等业务提供存证服务，优化传统的串行业务流程。该平台将传统的单向信息传递链条，转变为基于共享账本的实时传递，提高物流参与方的沟通效率，并利用物联网设备记录仓储温度等实物数据，由此为利益相关方提供实时的存储信息。从平台面对的业务痛点，我们可以看出国际货运作为一个多方参与的信息交互业务，为应用区块链技术提供了一个施展身手的多边“舞台”。

在平台运营的过程中，采用开源架构的模式被平台管理方提高到非常重要的地位。**采取开源的架构模式能够有效解决第三方的数据安全问题，打消不同企业共享**

数据可能引起隐私顾虑。这对于未来平台参与方的扩展提供了有效的技术基础，保证平台的中立性，进一步激发平台业务的网络效应，引起更多的分属不同角色的物流业务方使用平台服务。

在平台的收费机制上，该物流平台正在考虑收取成员加盟费，同时也考虑按照业务涉及的集装箱数量进行收费。依据现有的区块链发展模式，这些都属于短期的收费模式。相信在未来，随着平台业务的不断扩展，基于业务数据的平台收益将会持续扩展。

3. 区块链平台的搭建模式

上述两家企业在实践区块链的过程中不仅在应用案例上存在区别，在实施方式上也具有自身的特点，分别代表了两种主流的平台搭建模式。

电子制造企业在采购领域的区块链实践代表了自有平台的搭建模式：强调自身对平台技术的掌控能力，充分发挥 IT 基础能力，在自有搭建的平台上围绕自身业务搭建区块链平台。

国际运输企业在物流领域的区块链实践代表了平台合作的搭建模式：与知名的软件咨询公司进行合作，充分利用自身的业务优势与咨询公司的软件优势，分别发挥两者在商业网络和软件开发上的优势，共同实现平台业务的扩展。

下面我们将参照前文所述的 11 个判断标准，对比分析两种搭建模式的区别。不同的企业在进行区块链应用的实践过程中，一定要结合自身的实际条件，分析符合企业内部条件和外部环境的平台实施方法，区块链平台搭建模式见表 5-3。

表 5-3 区块链平台搭建模式

分类	条目	自有搭建模式	合作搭建模式
IT技术	开放程度	倾向于使用联盟链	搭建联盟链或公有链
	平台特点	根据业务模式定制	
	开发语言	根据平台确定	
	开源程度	倾向于模块封装	倾向于完全公开
	运维模式	企业的 IT 技术人员可以在服务上线运行后自行完成平台故障的排查和解除	平台的运行状态和问题需要第三方提供专门的运维服务
项目状态	业务经验	需要提升业务的理解能力，扩展能力相对于一般咨询机构较为有限	咨询方具有更强的业务扩展能力
	项目周期	根据业务模式定制	
	项目经费	项目经费需要由自己支持	通常情况下，软件方和业务方会达成合作协议，降低软件运维费用
战略优势	运维能力	由企业内部掌握	较多依靠软件方
	扩展能力	平台企业利用自身商业网络扩展业务	咨询企业具备更强的跨行业扩展能力
	集成能力	由服务模式决定	

第六章

布局（Distribute）：从联盟到 Ecosystem

基础理念：发展战略

通过前面的讲解，实践者已经对区块链的基本概念、总体方向、落地验证到实际推广的内涵与架构有了总体的认识。那么，当我们已经有了一个区块链应用，如何才能将已经构建的联盟扩展到更大、更广的生态系统呢？此时，指导平台企业的发展战略就变得尤为重要。如果说 4D 模型中前三个 D 完成了战术层面的逐步演变，第四个 D 将作为区块链在战略层面的纲领。因此，本章将从更高的角度分析区块链的发展战略，站在宏观的角度分析区块链的战略特性，探讨适用于区块链的战略类型。首先，分析互联网模式下长尾理论的架构思路，重点分析区块链在信息时代的发展空间，突出生态系统对于区块链发展的重要性。其次，介绍战略调色板理论，分析区块链的特性与五类发展战略的契合度，重点介绍区块链发展过程中建议使用的发展战略。最后，我们介绍区块链技术与互联网技术进行相互促进的结合点，为区块链的布局谋划更广阔的发展愿景。

如图 6-1 所示，布局（Distribute）属性中包含的 3 个部分的相互关系可以表示为由基本理论到具体内容的递进结构。首先，通过与长尾理论的结合，探讨区块链应用需要专注的发展理念。其次，在发展理念的指导下，采用愿景型战略促成新的市场方向。最后，通过各大企业在其区块链白皮书中介绍的发展战略，我们可以进一步论证当前区块链选取塑造型战略的正确性。

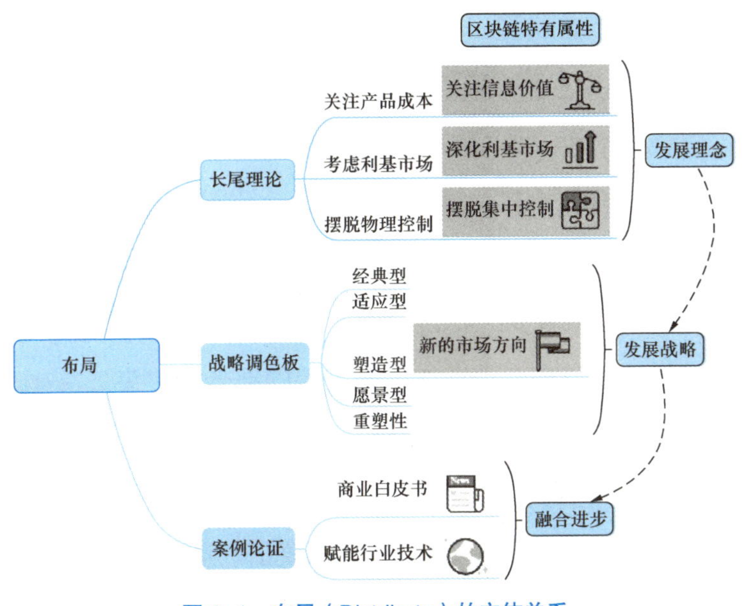

图 6-1　布局（Distribute）的主体关系

扩展长尾理论的新式武器

1. 长尾理论

2004 年 10 月美国杂志主编克里斯·安德森（Chris Anderson）首次提出长尾理论（The Long Tail Effect），从理论上描述了亚马逊、耐飞、YouTube 等企业在互联网时代的商业模式。在长尾理论中，如果把足够多的非热门产品组合到一起，就可以形成一个堪与热门市场相匹敌的大市场。

长尾理论中的“头”（head）和“尾”（tail）是两个统计学名词，在幂律曲线前部突起的部分叫“头”，右边相对平缓的部分叫“尾”。图 6-2 显示，长尾理论的头部代表了具有更高关注度的事物，随着长尾的尾巴不断延长，相应事物得到的关注度也逐渐降低。通常人们只会注意位于头部的事物，而忽略曲线的尾部。在传统的商业模式中，商家会利用有限的资源重点宣传和展示代表头部的流行产品，将其作为利润的主要来源，相对忽视代表尾部的大量的普通小众产品。然而在网络时代，互联网大大降低了商品的宣传与展示成本，大众可以用很低的成本快速查看位于幂律曲线尾部的商品，此时位于尾部的小众商品累计的收益逐渐超过了代表头部的热销商品。长尾代表的商品具有两个特点：细小的份额和延长的广度。细小的份额表示长尾中的事物占领的都是份额很少的市场，在以前不被重视的市场；延长的广度代表事物的市场虽小，但关注人的数量众多。因此，将尾部代表的所有非流行市场累加起来，将在网络上形成比传统流行市场还要大的市场。

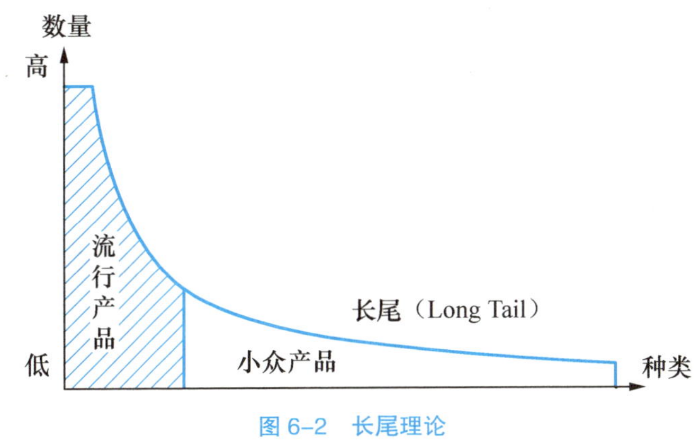

图 6-2　长尾理论

长尾理论在总结长尾世界的创建秘诀时，将其归结为两个方面：**提供所有产品，找到对的产品。**作为 2004 年提出的互联网发展理念，经过十几年的发展，互联网企业已经将创造长尾市场的两个秘诀发挥到极致。

（1）丰富的产品

阿里巴巴已经把分散的商户链接到网络平台上，不需要参与任何实物的库存管理，客户与商家信息可以在平台上进行实时的沟通与反馈，商家可以根据自身的优势为市场创造各类商品，极大丰富了线上产品。近几年异常火爆的短视频平台，将每个人都变成了视频编导，数字产品的选择范围无限扩展，每个视频的平台用户都可以上传自己的作品，参与数字产品的制作，免费试用的边际成本几乎为零。

（2）智能的推荐

现在，当我们登录亚马逊网站购物，产品选购页面会自动显示当前热销的产品，告诉你购买者的评价，显示当前有多少人正在浏览此产品，给产品和物流打分，甚至会根据链接的社交账号告诉你有多少好友也选择了此商品等。随着物联网技术的发展，商家的销售过程已经可以集成到用户与家庭智能音响的聊天过程。

区块链所处的时代是互联网企业已经充分发展的时代，互联网业务已经极大地扩展了长尾效应的尾部（利基市场）。此时，区块链的发展需要寻找发掘长尾或继续扩展长尾的领域，在这些领域内形成自有的生态系统或辅助互联网生态系统，最终找到充分发挥区块链特性的领域。这也是我们对标长尾理论的原因，尝试回到指导互联网发展的经典理论，为互联网时代下的区块链发展提供理论指导。

2. 创建区块链的长尾集合器

在长尾理论中，寻找成功的长尾集合器是激发长尾效应的关键，其中，我们从成本、市场和控制方式 3 个方面介绍了创建长尾的方法。在本节，我们将对标创建长尾集合器的指导准则，探讨区块链长尾集合器的自有法则。

（1）由“降低产品成本”变为“降低信息价值的获取成本”

在降低产品成本方面，长尾收集器提出两个法则：让存货集中和分散，让顾客参与生产。其中，存货的集中和分散强调了互联网加快商品信息传递的作用，将传统的货架变为线上商城，顾客可以直接在互联网平台选取商品，商场的货架不再限制产品的展示范围；顾客参与生产法则介绍了互联网环境下用户制作数字产品的方式，每个人可以通过发布评论、制作视频、撰写博客等方式为互联网创造数字产品。这种协同生产的能力将长尾无限延伸，将某些需要雇佣专业人士完成的工作变为由大众用户完成的“众包”模式。

区块链的出现不会继续降低产品的宣传成本，而是降低获取信息价值的成本。在互联网模式下，用户生成的数据属于某个专业的互联网平台，无法获得信息数据的实时回报。通常只有在名誉积累到一定程度后，才能通过广告等方式取得收益（参考"网络红人"获取粉丝收益的模式）。通过搭建区块链服务平台，用户数据将不再属于某一个专有平台，任何数据的使用都需要用户的认证或许可。此时数据将成为一种新的信息产品，让每一个用户能够享受到自身创造的信息产品价值。

（2）由"考虑利基市场"变为"深化利基市场"

在互联网的利基市场中，产品的传播形式、产品形式与价值制定规则都是多变的。互联网扩展了传统市场的交易模式，丰富了客户的可选择方式，将传统的受限的选项变为可筛选的无限选项。

区块链的出现可以继续深化互联网时代的利基市场：**创立新的价值传递模式和创立新的信息产品模式。**

创立新的价值传递模式。形成有别于基于传统货币的价值网络传递模式，由此可以改变传统的商业模式。例如，跨国交易结算可以锚定区块链账本的数据信息，进行联盟网络内的价值交换，正如 R3 体系一直致力于搭建国际贸易支付联盟，简化跨国跨币种的商业交易流程；音乐版权可以在音乐播放器上进行细化管理，位于长尾中的音乐可以按照真实的播放量获取利润，改变互联网时代音乐版权集中管理的模式，降低音乐平台的版权支出，释放更大的利润获取空间，更好地挖掘互联网时代的利基市场。

创立新的信息产品模式。将数据转变为价值载体，开拓一个新的信息价值长尾市场。各类公共服务数据、个人隐私数据、商业交易数据都可以获取额外价值。例如，面向消费者领域，在传统互联网模式中，只有位于长尾头部的“网络红人”才能依靠其流行程度赚取收益。在区块链模式中，处于尾部的用户也可以通过贡献自己的数据，获取相应的回报（可以以数字资产的方式向数据使用者收取费用）。在面向企业的供应链金融领域，区块链记录的商业交易凭证将作为中小企业申请贷款的证明。由此，供应链的金融红利将不再被核心企业所独享，参与业务运行的小型企业也能凭借交易记录获取低息贷款。

（3）由“摆脱物理控制”变为“摆脱集中控制”

在互联网时代传统物理限制被打破后，用户可以在网络上高效地分享产品评论信息，商家可以用更低的成本创造多样的数字产品模式，同时商家在向市场投放产品后能够快速得到应用反馈。上述互联网利基市场的成功法则让商业行为摆脱了传统市场的物理限制，让产品的创建、传递与分享的过程变得更加柔性。

区块链技术的出现并没有改变产品摆脱物理控制的现状，而是在数据层面改变了信息存储和分享的模式。区块链将互联网模式下的信息集中共享转变为分散存储下的信息共享。区块链形成的共享平台甚至生态系统，将改变传统互联网平台对普通企业和大众用户的信息控制，创建服务于联盟利益、大众利益的公平环境，把虚拟的"中心化"平台升华为一种物理分散、规则统一的基础设施。数据信息的传递与共享过程将变得更加自由。

举个例子，在互联网时代，每个视频或音乐 App 为了获得更大的流量，会将部分内容或音乐绑定在自己的平台上，人们想看某一个电视节目就必须到特定的 App 上去观看，可能还需要购买相应的会员。然而，在区块链平台上，虚拟内容将被放置到摆脱集中控制的平台上，每个人都可以随时观看这个节目，版权内容和信息价值都可以在这个"去中心化"的平台上传递。

区块链的发展战略

通过对比分析互联网长尾理论的发展模式，我们可以看到区块链应用的最终目标是经过数据的累计、范围的扩展以及多维的链接，构成面向各类业务需求的新时代网络基础设施。在这个逐步链接和升级的过程中，区块链的规模发展与价值体现都非常依赖于底层生态系统的搭建。只有大量用户或企业参与的区块链网络才具有创造并传递价值数据的潜力。

生态系统的搭建作为一个长期的发展过程，需要实践企业始终明确自身的发展路径。此时，企业采用何种发展战略将变得尤为重要，这也是布局要解决的核心问题。下面我们将结合战略调色板理论，分析符合当前市场环境的区块链生态系统发展战略。

1. 战略的本质

发展战略是对企业各种战略的统称，即关于企业如何发展的理论体系，是一定时期内对企业发展方向、发展速度与质量、发展点及发展能力的重大选择、规划及策略。战略可以帮助企业指引长远发展方向，明确发展

目标，指明发展重点，并确定企业需要的发展能力，其目的是要解决企业的发展问题，实现企业快速、健康、持续发展。

《战略的本质》一书将战略描述为解决问题的方案，在书中强调具体问题具体分析对于企业制定战略的重要性。企业在制定战略时必须详细地分析其所处的环境，找到商业环境的特点，进而制定出最适合的制胜战略。因此，书中提出战略调色板的理念，从 3 个简单的维度对商业环境进行分类，提出对应的 5 种发展战略，并指出企业的发展战略可以随着商业环境的变化而调整，时刻保持企业在正常的轨道发展。

2. 5 种发展战略

为衡量企业的外部商业环境，战略调色板理论提出 3 个标准：可预测性强调企业能否预测商业环境的发展变化；可塑性强调企业是否能够独立或者以合作的方式重塑商业环境；环境严苛性代表企业能否在商业环境中生存。从这 3 个标准出发，分析出企业面对的 5 类典型商业环境，以及与之对应的战略方案。

经典型环境代表市场能够预测，但是无法改变。采取此理念的企业往往会做大做强，无法改变外部环境，可以通过差异性优势或内在能力寻找企业定位，一旦取得竞争优势，就可以在很长的时间内处于不败地位。

适应型环境代表市场无法预测，也无法改变。此时企业可以选取适应型战略，快速响应难以预测的市场变化，并不断改变自己的能力，以更为经济有效的方法找到新的选择方案，根据市场的变化调整自身，持续保证在多边领域的竞争优势。互联网行业通常属于这一领域，随着不断变化的客户需求和市场环境，企业必须时刻保持快速的更新迭代，保持自身的竞争优势。

愿景型环境代表市场能够预测，也能够改变。企业能够凭借自身的能力创造或重构商业环境。愿景型企业的战略重点在于能够快速引进革命性的新产品或商业模式。在不断变化的市场环境中，采用愿景型战略的企业需要坚信自己能够创造新的细分市场甚至颠覆市场格局，通过实际行动践行自己的企业愿景。愿景型战略的关键在于能够抢先应用先进技术和创新模式。

塑造型环境代表市场不能预测，但能够改变，具备一定的可塑性。企业有机会在行业发展的早期阶段对其进行塑造或重构，并对某一领域的行业规则进行重新定义。但是在这个环境下，企业需要与其他各方携手合作才能改变行业格局，而且各家企业都要承担未来潜在的风险，在其他竞争对手采取行动前构建新的市场。塑造型战略更强调多家企业协调发展，需要建立一个协调合作的平台，然后通过平台不断扩展，积极发展利益相关方组成生产系统。因此，塑造型战略更加强调生态系统，而不是单个企业，需要在竞争中展开合作以及在合作中展开竞争。

重塑型战略是专门为严酷环境下的企业重生提供的发展战略。处于重塑型战略的企业往往资源严重不足，内部运行已经陷入异常艰难的状态。当外部环境已经充满挑战时，企业以往的经营方式已经无法维持企业发展，果断进行市场变革已经成为企业生存的唯一之道。战略的主要目标将转移为快速转型、谋求生存。

通过对比 5 种发展战略，我们可以看出，塑造型战略与区块链所处的市场环境更加符合。**首先，区块链技术仍然处于早期的发展阶段，具有创造或重构业务规则的能力；其次，区块链应用的效果依赖于生态环境的发展状态，单个企业无法进行市场规则的重构。**我们将针对塑造型战略的应用与实施进行详细介绍。

3. 面向生态系统的塑造型战略

本节我们将重点介绍塑造型战略的定义，接着通过对标塑造型商业环境的特点，进一步描述区块链选取塑造型战略的原因，最后介绍塑造型战略的实施标准，作为指导区块链企业发展的纲领。

（1）塑造型战略的定义

在《战略的本质》中，马丁·里维斯（Martin Reeves）给出了塑造型战略的定义。“塑造型企业通过协调其他市场参与者，塑造或重塑所处行业，让其朝着对自身有利的方向发展。塑造型战略容许并要求企业与其他相关方进行合作，在多样化的生态系统当中分散风险，实现能力和资源的互补，通过数量优势快速建立市场。由于处在行业发展的初期阶段，同时企业必须对多个参与方产生影响，但又无法掌控，因此塑造型企业需要应对极大的不可预测性。”

（2）塑造型战略的适用范围

在明确塑造战略的定义后，何时选取塑造型战略呢？如何确定区块链所处的环境属于塑造型市场环境呢？

马丁·里维斯将塑造型战略的适用范围描述为“新兴的、充满活力的、高度分散的初创行业与新兴市场”。**塑造型市场环境从行业规模、增长率、利润率来看，**

其本身的发展机会是不可预测的，但同时由于行业在一定时期内准入门槛低、监管壁垒少，行业充满了可塑性。时机和定位是塑造型战略的关键。塑造型战略的制定者必须在市场发展的早期或现有市场被颠覆的时候，抓住业务变革的拐点；同时需要具备一定的影响力，吸引其他有实力的利益相关方加入到自身的生态系统中。

在此基础上，我们从以下 4 个方面对标分析区块链的发展与塑造型战略的符合程度。

所处行业拥有尚未开发的潜力

区块链的发展仍然处于启动阶段，尤其是将区块链技术应用在“链圈”的行业市场。不管是在数据共享、追溯查证，还是在更大的业务变革方面，区块链的技术优势还未得到充分发挥。多数区块链企业正在进行应用验证或应用推广。市场上还有很多领域有待区块链技术去渗透。在最近几年，各大企业都推出自有的区块链平台，但是市场上已经成熟的商业应用却较少。部分企业还在组织区块链应用竞赛，吸引商业团体、高校社团等实践区块链技术，寻找行业潜在的发展方向。已经形成的商业联盟也在不断扩展和丰富自身的区块链服务。超级账本项目组（Hyperledger）作为推动区块链行业应用的重要组织，在其 2018 年的年终总结中，回顾了一年中区块链项目的研究与发展状态，其中提到了区块链的采用情况正在进入上升曲线周期，尤其是在亚太地区。另外，多个行业应用已经投入到生产环境，部分项目已经产生了真实的回报。从这份总结中，我们可以看出超级账本项目对于未来技术发展的信心，也看到了区块链市场的发展潜力。

通过合作塑造行业联盟

区块链技术作为以多方数据共享为基础的“去中心化”计算机技术，其发挥效能的业务基础就是行业合作，由此形成的商业组织将具有更强的行业规则塑造能力。从现在各大公司组建的区块链联盟也可以看出，企业正在利用已有的市场关系，与合作伙伴共同发掘和验证区块链的市场潜力。2017 年沃尔玛、京东、IBM、清华大学共同宣布成立中国首个安全食品区块链溯源联盟，旨在通过区块链技术为消费者和零售商提供实时的商品溯源服务，重塑传统食品供应链的信息管理与审计链路。2018 年马士基搭建了物流区块链平台，旨在提高海运商品的通关效率，简化集装箱运输过程中的文件管理流程，在半年的时间内已经吸纳了 94 家企业和机构加入其区块链平台。同年，UPS 加入专注于货车和船舶运输行业的区块链货运联盟，致力于开发区块链技术在供应链系统中的使用标准。

变革市场运行规则

在区块链的 Easy 特性中，我们介绍了区块链变革传统业务流程的作用。区块链作为新时代价值互联网的基础技术，传统市场的行业规则都存在被变革或被颠覆的可能性。在马士基的物流区块链平台上，供应链流程将实现端到端的电子化，共享账本将用来帮助海关人员、物流公司管理和追踪航运文件记录。利用区块链使每个参与者更容易获得提单、卫生证书、发票和其他必要文件，整个流程的文书处理问题将减少 10 倍。这种基于区块链的业务平台正在变革传统的物流管理模式，改善客户、政府、物流公司的业务运行效能。

市场内没有领先地位的企业或平台

近两年，区块链技术的落地实施和商业推广已经成为各大企业争相布局和研究的重点领域，但是并没有一家企业能够独霸区块链领域。各家企业在平台技术、擅长领域等方面都存在一定的差异性，在网络加密、共识效率、快速部署以及流程创新等方面都具有特有的优势。2018 年公布的世界五百强企业中，共有 120 家中国企业入围，其中已有 46 家不同领域的企业涉足区块链技术的开发与应用。区块链引领的技术变革正在深刻影响着不同企业专注的业务领域。

在我们看来，虽然在市场上存在一些研发区块链技术的巨头企业，但是还没有一家企业能够垄断区块链的发展。存在于各个行业的区块链应用平台，以及各大平台的底层技术发展时期仍然处于群雄逐鹿的阶段。

Tips：2018 年 5 月，工业和信息化部信息中心发布的“2018 年中国区块链产业白皮书”显示，中国的区块链产业生态正在逐步形成。白皮书将区块链的发展趋势总结为六个方面:“一是区块链成为全球技术发展的前沿阵地，开辟国际竞争新赛道。二是区块链领域成为创新创业的新热土，技术融合将拓展应用新空间。三是区块链未来三年将在实体经济中广泛落地，成为数字中国建设的重要支撑。四是区块链打造新型平台经济，开启共享经济新时代。五是区块链加速‘可信数字化’进程，带动金融‘脱虚向实’服务实体经济。六是区块链监管和标准体系将进一步完善，产业发展基础继续夯实。”由此可见，经过最近几年的发展，区块链技术的研究与应用仍是未来几年的主旋律。

（3）塑造型战略的实施

执行塑造型战略的企业要充分吸引其他利益相关方参与，选择恰当的时间点与参与方共同打造未来愿景，并共同建立服务平台。平台上的企业要充分发挥其影响力并相互协调合作。最终通过扩大规模和保持灵活性，实现平台和生态系统的进化。因此，塑造型战略取得成功的关键在于通过和其他参与者合作，实现相关市场和行业的发展。塑造型战略的发展源于 3 个要素的持续迭代：**参与、协调和生态系统。**

将塑造型战略迭代要素进行分解后，可以得到 4 个战略实施准则。在此，我们将分析区块链应用 4D 模型与实施准则的对应关系。

选择参与者并与其互动

在塑造型市场环境中，实践者需要根据自身优势，选取合适的合作伙伴，在互动交流的过程中寻找共同的发展方向。

在 4D 模型的不同阶段，与参与者互动都是项目实施的重要工作。

在区块链 4D 模型的探索（Discover）阶段，当实践者明确区块链 TECH+D 的特性后，需要分析行业中涉及多方业务模式的改进方向，明确行业模式中可能涉及的参与者，由此确定基于区块链的市场行业发展方向；在设计（Design）阶段，实践者需要按照验证案例的具体目标，确定参与到验证过程的参与者，在此阶段具体选取哪些参与者，甚至是优先选择哪些参与者，都需要项目主导者基于日常业务的具体情况进行分析，例如，优先选取关系紧密、IT 技术成熟，以及对区块链技术有一定兴趣的合作伙伴。在实施（Deploy）阶段，参与者形成的联盟将继续扩展，将生产环境带来的收益与更多的同边或跨边参与方进行共享，在合作的过程中争取更多的参与者。

为了找到更好的方法而创造一个共享的愿景

在塑造型战略的实施过程中，实践者需要为所有参与者设定一个共享目标，与所有参与者共享新的方法带来的收益，同时尽量掌握修改市场规则的核心方。

在 4D 模型中，共享的愿景将成为行业不断优化和演变的目标。

探索（Discover）阶段的概念论证是参与者明确区块链价值的起点，未来的发展仍然是有待验证的主体方向。设计（Design）阶段的分析与验证过程将为行业主导者在小范围内快速解决行业痛点。作为实践区块链的探路石，初步发掘区块链的技术潜力。进入实施（Deploy）

阶段，区块链应用的可实施性将得到进一步的论证，不管是数据共享、追溯查证，还是业务改造与创新，实践者将提炼概念论证中的行业愿景，与参与者共同讨论区块链的价值，把控未来市场规则的发展方向。

搭建协调合作的平台

塑造型战略的实施过程是协同合作的过程，各个参与方需要共同参与规则制定和市场推广，不断地扩展平台的影响范围，从而实现平台与参与者的双赢。

在 4D 模型的实施（Deploy）阶段，实践者总结出的经验教训将作为搭建正式区块链平台的基础。实践者需要充分理解区块链与互联网平台发展模式的相同点与差异点，与行业内的参与者共同参与市场规则的制定与完善。进而在充分分析自身的发展条件、行业情况等因素后，决定搭建区块链正式平台的方式与方法。

参与到生态系统与合作平台的持续演化

塑造型战略的 3 个核心要素是一个不断迭代发展的过程。在平台逐步形成生态系统后，又一个针对某些功能或行业市场的持续演化即将展开，由此形成对市场规则的持续优化改进。

作为一个指导实践者进行区块链应用的模型，4D 模型的架构与 DT 的理论框架有着天然的联系。从最初的痛点分析、发现发掘（Discover），到快速的概念验证（Design），再到经验总结与业务改进（Deploy），最终在不断的循环过程中形成行业生态系统（Distribute）。区块链技术为行业市场提供了一个新的变革机遇。抓住这个机会的过程将是一个持续演变的过程，当实践者走入这个不断迭代的循环，就有机会塑造出新的市场领域，成为行业规则的制定者。

案例分析：知名企业的布局

通过对标互联网发展理论与企业发展战略，相信区块链实践者对未来要选取的发展战略有了一定的了解。在案例分析中，我们将介绍国内企业已经发布的区块链白皮书，归纳其主要的应用领域，以及对区块链未来的发展建议，供区块链实践者参考，见表 6-1。

表 6-1 企业区块链白皮书

企业	技术平台	应用场景	发展建议
华为	华为云	• 数据交易 • 身份认证 • 新能源 • 车联网 • 供应链溯源 • 运营商云网协同 • 供应链金融	• 依托联盟，形成产业合作，加速区块链标准快速落地 • 构建区块链产业孵化环境，推动区块链产业发展 • 清晰化区块链技术和应用的产业政策 • 积极参与开源社区，倡导企业间区块链技术的互通交流
京东	京东云	• 供应链领域 • 金融领域 • 政务及公共服务领域 • 其他（保险防欺诈、大数据安全）	• 区块链的规划应用需要政策与标准的指导，鼓励建立跨企业的行业标准与多方协调推动区块链技术的不断完善 • 在应用推进中建立激励机制和商业模式
腾讯	腾讯云	• 金融领域 • 物联网领域 • 公共服务领域 • 公益慈善领域	• 加强区块链技术的安全研究 • 鼓励核心关键技术攻关，形成自主创新体系 • 推动形成区块链应用发展的良好环境

续表

企业	技术平台	应用场景	发展建议
腾讯	腾讯云	• 供应链领域	• 出台扶持区块链技术和应用发展的政策 • 加快推动区块链领域的标准体系建设 • 加强国际国内交流与合作
联想	B-connected	• 供应链金融 • 供应链 • 渠道销售管理	• 区块链自身的技术强化将成为近期行业关注的对象 • 区块链将形成由多个网络相互对接，链内自治、链间合作的多链和跨链模式 • 智能合约将作为新型的可避免篡改、抵赖和违约的合约 • 随着政府部门不断出台技术标准和政策，区块链技术将逐渐向各个领域渗透
百度	Xuper Chain	• 内容版权 • 信息溯源 • 文化娱乐 • 信息安全 • 个体信息管理 • 数字广告	• 坚持打造联盟生态，推动区块链核心基础技术研究，构建可信区块链行业标准 • 进一步推动超级链的社会化部署 • 重点赋能、支持利用区块链技术解决食品安全、新制造、供应链金融等领域业务问题 • 开发超级链生态，提供基层的基础支持和开发者工具

通过表格中对各家区块链白皮书的发展展望对比，我们可以看出所有的企业都提到了建立发展联盟的重要性，不仅是在业务领域形成合作共赢的商业联盟，而且在技术领域也要形成共同进步的开发者联盟。这 5 家企业只是中国发布白皮书企业的冰山一角，但是也足以看出区块链技术在当前市场环境中所处的发展环境。我们希望实践者也能集合自身业务的实际情况，选取符合自身具体条件的实践路径，最终塑造出基于区块链技术的新型市场规则。

业务应用线路

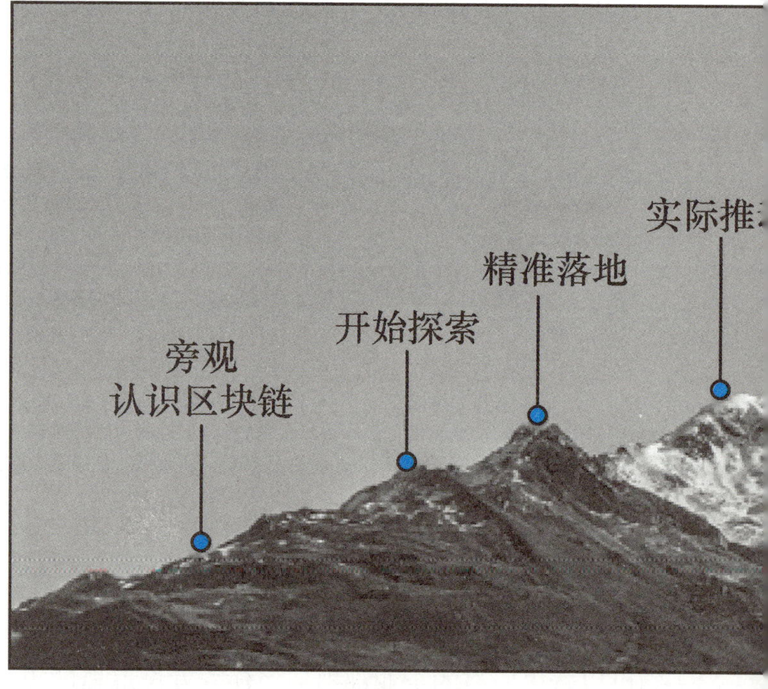

从业务应用的角度，实践者可以从小的应用需求出发，不断挖掘和扩展区块链应用的深度和范围。与此同时，从技术发展的角度，伴随着应用的逐步推进，实践者将获取相应的技术成果，与业务应用相辅相成。

在区块链经过了从概念到技术、从社区到社会、从

应用之道

技术发展线路

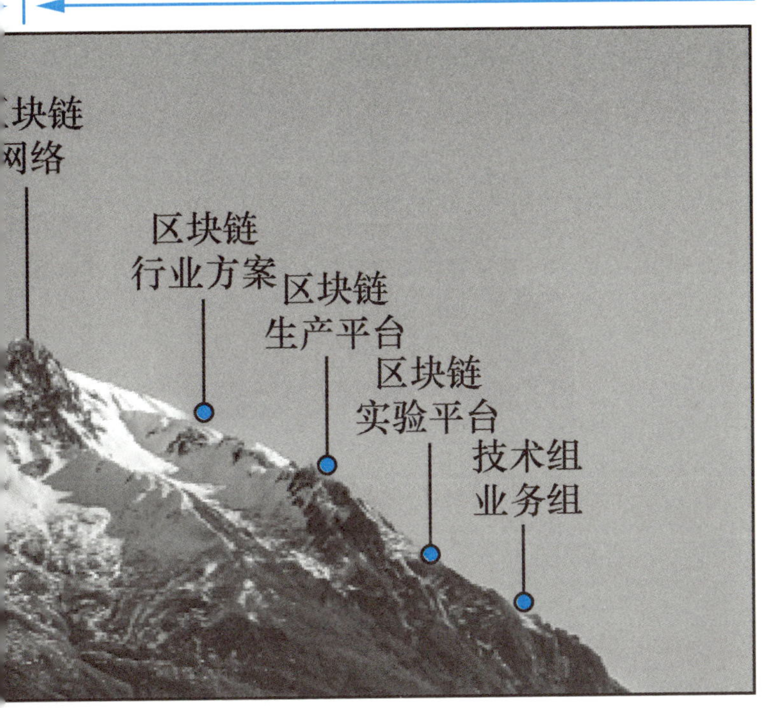

个体到联盟的发展历程，它的前进之路从未停止。就像攀登一座高山，实践者在应用区块链的过程中也势必会遇到各种困难。要坚持到顶峰，就需要一步一个脚印攀登。我们希望通过本书，为准备攀登区块链这座高山的实践者标明前进的大本营，最终征服区块链网络这座高峰。